演讲与口才

SPEECH AND ELOQUENCE

若沐 著

天津出版传媒集团

天津科学技术出版社

图书在版编目（CIP）数据

演讲与口才 / 若沐著. -- 天津：天津科学技术出版社，2019.11
ISBN 978-7-5576-6683-5

Ⅰ．①演… Ⅱ．①若… Ⅲ．①演讲②口才学 Ⅳ. ①H019

中国版本图书馆CIP数据核字(2019)第127860号

演讲与口才
YANJIANG YU KOUCAI
责任编辑：方　艳

出　　版：	天津出版传媒集团
	天津科学技术出版社
地　　址：	天津市西康路35号
邮　　编：	300051
电　　话：	(022) 23332695
网　　址：	www.tjkjcbs.com.cn
发　　行：	新华书店经销
印　　刷：	凯德印刷（天津）有限公司

开本 880×1230　1/32　印张 6　字数 110 000
2019年11月第1版第1次印刷
定价：39.80元

前言
PREFACE

相信，每个人在看到外交家、企业家、政治家等在台上脱口而出、侃侃而谈的样子时，都会露出羡慕的神情。因为对于普通的我们来说，能像他们那样面对着亿万观众依然可以泰然自若地讲话，依然能够口若悬河、字字珠玑，似乎是一件难以想象的事情。

其实，随着社会的进步和发展，需要我们正式讲话的场合越来越多，演讲会成为生活中比较常见的现象和一种基本的要求。拥有出色的演讲能力，会让你得到更多的关注和机会，无论对工作还是对生活，都能起到很好的作用。

不妨想象一下，面对众多的听众，你自信地走上讲台，感受开场后全场的鸦雀无声，听众为你幽默诙谐的演说所发出的呐喊，以及因此带来的经久不息的雷鸣般的掌声，你会有什么感受？毫无疑问，你是自豪的。

出色的演讲能力带来的好处不仅仅局限于此。继续想象一下，你凭借良好的口才，通过与对方机智地谈判，你赢得了一笔数额巨大的业务；你依靠幽默和富有气质的口才魅力，赢得了心爱女孩的芳心，并且与她共同迈进婚姻的殿堂……

可见，拥有良好的演讲口才是一种傲人的资本。然而，不幸的是，大多数人在面对众人的时候都不能侃侃而谈，当他们站起来说话的时候，会感到手足无措，在大众——即使是在熟识的人面前说话时，他们连一句完整的话都说不出来。

为什么会出现这样的情况呢？原因就在于，演讲并不是简单的聊天，它的对象不是某一个人，而是某一大群人。大多数人应付某一个人是轻而易举的，但如果是一大群人，情况就变得复杂多了。

是不是意味着普通人就无缘于成为优秀的演讲家了呢？当然不是。

以上这些情况，其实都可以在一次又一次的失败中总结经验、逐步改变的。这是一个日积月累的过程，只要你稍加练习，有一天你会发现，让自己说话再也不那么为难了，你会觉得自己以前的害羞和拘束其实很幼稚、很可笑。

那么，如何才能提升自己的演讲口才呢？

本书根据成功演说的实践经验，还原了一场场当众讲话培训的课堂，用精练的语言、睿智的话语、全新的理念，深入浅出地向你吐露了胜人一筹的说话本领，可以在最短的时间内打造一个全新的你，让你也可以像演说家一样自信地走到公众面前，抓住每一次出彩的机会！

最后，希望本书在给读者传递演讲口才知识的同时，还能给读者带去良好的阅读体验。相信在读完本书之后，你也能通过演讲提升自身的魅力，并走上成功之路。

目录
CONTENTS

第一章　做足准备，让魅力演讲成就精彩人生

做演讲，你要准备的究竟是什么　　　　002

选一个好主题，是演讲成功的重要因素　　004

事前熟知会场，你才能轻松上阵　　　　009

克服恐惧，自信是演讲的必备技能　　　　012

积累人生阅历，是演讲精彩的有效途径　　017

最后的演练：练习，练习，再练习　　　　021

第二章　写好演讲稿，演讲就成功了一半

写好开场白，全世界都会被你吸引　　　　024

用言简意赅的语言，表达最有内涵的信息　　026

善用修辞，让演讲稿"活"起来　　　　　028

写感人的故事，你就会讲出感人的话　　　030

写过往经历，用共鸣拉近与听众的距离　　032

耐人寻味的结尾，激发听众的感情　　　　035

第三章 打动人心的开场白,一开口就掌控全场

精彩演讲始于一鸣惊人的开场 　　038
开场切中要害,讲听众感兴趣的主题 　　040
开场这么说,演讲就会没得说 　　042
好奇害死猫,也能害死听众 　　047
用故事做引子,让听众沉迷下去 　　050

第四章 声音有磁性,你的讲话才能悦耳动人

音量适中,听众才会觉得耳朵舒服 　　054
掌控语速,讲话也可以成为跳动的音符 　　056
说话有节奏,听众才听得尽兴 　　059
用重音突出重点,让信息传递更清晰 　　062
练习腹式呼吸,提升你的声音魅力 　　064
修正音色,好嗓音是吸引听众的利器 　　066

第五章 带点幽默感,好氛围是杜绝冷场的关键

幽默感,彰显你的个人魅力 　　070
得体的幽默,瞬间俘获听众的好感 　　073
幽默的话语是缓解尬场的一剂良药 　　076
善用修辞,增强幽默的力量 　　078
成为幽默高手的 N 种方法 　　082

第六章 敢于脱稿演讲，和听众说说心里话

扔掉讲稿，来一次热情澎湃的演讲　　088

自信，成就魅力脱稿演讲的必备素质　　091

有学识，你才能侃侃而谈　　094

把握好节奏，别让脱稿成为"拖"稿　　097

第七章 即兴发言，用激情和智慧征服听众的心

即兴发言的3种讲话形式　　100

把握3个阶段技巧，让即兴演讲张口就来　　107

组织好腹稿，讲话才能方寸不乱　　110

简洁朴实，有亲和力的讲话更深入人心　　114

抓准"题眼"，就抓住了听众的"七寸"　　117

不同情境下即兴发言的技巧　　119

第八章 面对演讲突发状况，巧妙辩论渡难关

应对"短路"，用关键词重启记忆　　124

面对诡辩，让事实来说话　　127

针尖对麦芒，反驳要像一把锋利的刀　　130

避实就虚，把逼人的气势怼回去　　132

顺水推舟，用笑声化解尴尬　　134

不友好的听众，让他一尺又何妨　　136

第九章 不同场合,演讲也要讲究"有别"艺术

把最好的自己讲给观众听　　　　　　　　142

沉着冷静,6个妙招轻松将会议带离冷场　　145

讲话有趣味,聚会才会有气氛　　　　　　148

别出心裁的致辞,让宴会"嗨"起来　　　　153

结婚祝词,不同身份有不同说法　　　　　155

生日祝词,真挚与热情永远是主旋律　　　157

第十章 完美谢幕,给听众一个难忘的致辞

讲好结尾,你的演讲就成功了　　　　　　164

掌握演讲5个技巧,给听众一个想听的结尾　171

戛然而止,让演讲停留在最精彩处　　　　176

别过犹不及,简明的结尾才受人欢迎　　　179

再激烈的论辩,也要有圆满的收场　　　　181

第一章

▽

做足准备,让魅力演讲成就精彩人生

▽
▽

很多人觉得自己跟演讲离得很远,因为自己既不是企业家,也不是外交官,只是一个普通的社会成员而已。其实,无论是在生活中,还是在工作中,你都会有当众讲话的机会,这就是演讲。如果你还不善于演讲,那做足充分的准备就十分必要了。本章将告诉你演讲前该做些什么,如果你想提升自己的演讲口才,赶紧来学习吧!

做演讲,你要准备的究竟是什么

演讲准备意味着把一些完美无瑕的辞藻连缀成篇并背诵下来吗?回答是否定的。那么,演讲准备意味着把偶发的、对你并无多大意义的思想汇集起来吗?当然也不是。

演讲准备究竟是什么?它是一种结合——一种你个人思想、观点、信念和冲动的结合。在日常的生活中,你拥有着这些思想和冲动,它们甚至在你的梦境中蜂拥而至。正是它们,构成了你完整的人生。然而,它们就如海岸上沉睡的卵石一样,沉睡在你的潜意识里。准备就是沉思、回忆、选择对你最有吸引力的东西,并对其润色、加工,让它们浑然一体,成为你自己的完美工艺。也许,这乍听起来是一件很难的事情,但实质上,它很简单。你只需片刻的聚精会神即可做到。

迪瓦特·默德的演讲创造了精神的诗篇,那么他是如何进行准备的呢?

当我选择了一个主题时,我会把它写在一个大信封外面,这样的大信封我有许多。在我读书看报时,如果看到了对演讲主题有意义的东西,我就把它塞进相应的大信封里。同时,我总是随身携带着一个笔记本,在接受布道时,每当听到了对我有启发意义的言语,我就把它记录下来,也塞进信封里。

也许,它们会待在信封里一年或更长一段时间,而不会受到惊动。当我要做演讲时,我将充分利用平时积累下的知识,凭此,我会拥有充足的材料来论证我的研究成果。于是,任何时候,查阅我的演讲,只要对之进行适当的取舍和补充,它们将永不过时。

选一个好主题,是演讲成功的重要因素

在练习中,应以何主题进行演讲呢?只要你感兴趣,任何主题都可以。记住,在一篇简短的讲话中,不要试图涵盖太多的话题,以免犯下许多演讲的通病。针对一个主题,最好只从一两个方面阐述,并且力求充分。

请预先确定要演讲的主题,这样,会使你在闲暇时对之进行思考。无论是白天,抑或是黑夜;无论是上班时,还是早晨刮脸时;无论是洗澡时,还是骑车到镇上时;无论是等电梯时,还是等午饭时;无论是候邀时,还是准备晚餐时,都要请它走进你的大脑里。即使当你与朋友聊天时,也不要忘了把它作为你们的一个话题。

要扪心自问关于演讲主题的任何问题,例如,假设你要谈论离婚这一话题,那么,你应问自己:是什么原因导致了离婚?它对经济、社会有何影响?这个问题应如何根治呢?我们需要制定统一的离婚法规吗?为什么呢?或者我们要制定非统一的离婚法规吗?应禁止离婚吗?离婚规定应更加严格一些,还是应更宽松一些呢?

再假设你要谈一谈为何学习演讲。那么,你就应自问以下问题:我演讲的困难是什么?通过演讲我想获得什么?我曾做过公共演讲吗?如果做过,什么时候?在哪里?发生了什么事情?我为什

么认为演讲培训对于一个商人来说意义重大？我认识一些非常自信、具有令人信服的演讲能力且在商业或政途上大有作为的人吗？我又认识一些不具有这样的能力，因而可能永远不会获得令人满意的成功的人吗？值得一提的是，谈到这些人时，注意不要使用真名实姓。

在最初几次的演讲中，如果你能思维清晰、言语顺畅达两三分钟之久，那已是难能可贵的了。像你为什么学习演讲这样的演讲话题，应算作相当容易的，因为对每个人来说，这都是显而易见的。只要你适当用些时间，把你的材料选择组织一下，你就可以把它们记诵下来。毕竟，你是在根据自己的观察、愿望和经历进行演讲啊。

另一方面，假定你已确定了以你的工作为演讲主题，那么，你该如何为之准备呢？现在，你已占有了翔实的材料，怎样对其选择和组织便成了你的首要任务。

在一个3分钟的演讲时限里，不要妄想面面俱到，这是极不现实的，否则，只会让你的演讲流于笼统和形式。你应抓住主题的一个方面，然后对之扩展和深化。比如，对于上面你确定的话题，我们就可以这样进行阐释：你为何选择了你现在的工作呢？这是出于偶然呢，抑或是你深思熟虑的结果？联系你早期的奋斗、挫折、希望和胜利，你可以给我们做一个非常感性的描述，展示真实人生经历的画卷。其实，人们生活之中蕴含的真理如果用一种谦虚而不自大的语气娓娓道来是令人心旷神怡的。这是成功的演讲的特质。

对于你的工作这一话题，还可以采用另一个视角：工作中的困难有哪些？对于这些困难，你有何良策？或者，你可以谈一谈你所接触到的人，无论是诚实的，还是不诚实的；谈一谈你遇到的问题；还有关于人性这一世界上最令人感兴趣的话题，你的工作使你有了怎样的看法。如果你只谈论工作的技术问题和事务问题，那会极易令人厌倦，这与谈论人性恰恰相反。

总而言之，不要让你的演讲陷入空洞的说教，否则，会使人感到乏味无趣，要让你的演说如一个层次鲜明的蛋糕似的，既有生动的例证，又有理论的总结。因而，一方面你要鉴别所观察到的具体事实，另一方面，你要体会其所蕴藏的真理。同时，你会发现，事例与理论相比，前者更易记诵、更易表达，并且，会使你的演讲增色良多。

下面我们介绍一位这样写作的作者，他是一个非常有趣的人，名叫费拜斯，他写了一篇关于决策者授予其助手权力的必要性的文章，我们在此节选了一段以飨读者，请注意他采用的例证——对于人物的介绍。

今天的许多大型公司，昔日都曾经是个体商业模式，但最终，它们改变了这一面貌。虽然它们仍保持了个人的极大影响力，但随着工商业规模的极度扩大，即使是最能干的超人，为了有效控制管理公司，也需要在自己的周围聚结一帮有才华的助手。

伍尔·沃斯曾经告诉过我，他的公司在最初的几年里基本上是一个个体商业模式，这使他的健康受到了极大损害，当他数周躺在医院里时，他深刻地领悟到，如果要使自己的生意如自己所希望的那样发展，必须分配管理权力和责任。

贝斯勒海姆钢铁业数年里始终是一个个体模式，查尔斯·斯克沃浦承担着大大小小的所有事务。逐渐地，安哥尼·格瑞斯的生意发展起来，超过了斯克沃浦，成了钢铁业的巨人，而后者还在原地踏步。东方之子柯达在其早期主要由乔治东方之子组成，但其非常明智，在很早的时候便建立了极其有效的组织体系。

摩根虽是一个商业巨人，但他非常乐于挑选最有能力的合作伙伴与其同舟共济。同时，也有一些雄心勃勃的企业领导者，他们喜欢按个体体制运转自己的企业，但是，不管情愿与否，由于大范围的现代操作的压力，他们将被迫向他人授予权力。

在谈论自己的职业时，许多人只讲他们感兴趣的方面，这种错误是绝不应纵容姑息的。作为一个演讲者，你应从听众的喜好出发，满足他们的需要。例如，如果你是一个推销火灾保险者，你就应向听众们讲授防火知识；如果你是一个银行家，你就应给听众们在财产、投资方面提出一些合理化建议；如果你是全国妇女组织的领导者，在做地方公众演讲时，就应引用地方活动的典型事例，借此表明她们是全国运动的有机组成部分。

所以，在准备演讲时，你应认真研究你的听众，从他们的需求和愿望出发，有时，这决定着演讲的成功与否。在准备演讲时，适当阅读一些文章是非常有益的，这样，可使你了解到其他人的一些想法。但是，只有当你感到"山重水复疑无路"时，你方可以如此。

谨记，这一点非常重要。然后，你可以到公共图书馆，向图书管理员表明你的来意——告诉她你要演讲的主题，坦诚地告诉她你需要她的帮助。如果你未曾涉足研究工作,那么,对于她所给予你的帮助,你往往会大吃一惊——可能正有一本关于你演讲主题的书籍与你的演讲提纲不谋而合,书中对当时社会问题的正反两个方面都给出了主要的例证;还有,文学杂志的读者索引会列出自20世纪初以来涉及各种主题的所有文章;再者,《娱乐新闻年鉴》《世界年鉴》《百科全书》等数种参考书籍,都是有益的工具,要取而用之。

事前熟知会场，你才能轻松上阵

在演讲之前熟悉会场是非常有必要的，对将要发表讲话的环境越是了解，你就越能想象在那里讲话的样子，从而，心里就更加踏实。此外，如果你在发言时要使用演示文档或者视频加以说明，更要了解这些设备的连通性能，以免发生意外。所以，每一个经常发表演说的人都知道，演说之前要先熟悉会场，这样不仅能增进对会场的亲切感，还能促进双方情感的交流，更会有效地减少突发情况的发生。

那么，我们在会场具体应该留意什么呢？

首先，我们要留心举办单位关于会场的概略介绍；其次是留意会场所在地的地理特征、场地视界、场地标语、桌椅安排、设备配置等；最后是要大致了解当天的听众。当你了解并熟悉了会场四周的大概情况后，才好在话题中适当地套用，这样一来，增进了双方的融洽，使话题内容更加生动亲切，从而激起听者更大的聆听兴趣。

除了上面那些基本情况外，把握会场状况的另一大要素就是要注意在自己演说之前，专心地聆听别人的讲话，这不仅是一个礼节问题，更重要的是可以将别人话题中的妙处巧妙地在自己的话题中

加以运用,以弥补自己话题中的不足。比如:

"刚才陈校长提到了我校今年共有10个参加全市语文竞赛的名额,下面我也向大家介绍一下,这10名参赛学生应该具备什么样的条件……"

引用他人言论可以很自然地引出话题,传达自己的心意与想法,并将自己的话题加以发挥;同时还可避免与前者话题的不连贯。所以,引用得当有不小的功用。

也许有人会问:"如果我是在科罗拉多州的利特尔顿来,下周一的安排是到加拿大蒙特利尔发表演说,那么,要让我提前熟悉演说会场是相当难的,又该怎么办呢?"像这种情况,你可以通过在蒙特利尔工作的朋友来了解会场细节。如果你在那里没有朋友,最理想的情况就是,让请你发表讲话的人送你一份现场的布局图,包括电源插座、座位安排、入口、出口、讲台等要素。如果此人没有布局图可以提供,起码也要让他为你描述一下现场背景。

另外,我们还要注意的是,在演讲当天,一定要提前到达会场。有一位资深培训师曾讲过一件他亲身经历的事情,足以说明提前到达会场的重要性。

那次,他要去一家单位讲课,因为那边的道路比较熟悉,于是他按提前半小时到的计划开车出发,谁知路上遭遇堵车,到了培训单位的路口又发现了新标志不让左转弯,要到前面300米以外的地方掉头,掉头回来又没有停车位,得把车停到很远的地方走回来。一通折腾后到人家单位已是该上课的时间了。

这是一次小型培训,20多人已经入座。他急忙将电脑连接上投影设备，插电脑的电源时，就听"啪"的一声，电弧一闪，再开电脑，怎么也打不开。平时他都会用U盘备一份讲课的投影文件作为备用，可那一次因为思想放松也没有备份，心想怎么办呢？当时他想起了一个故事，说有一个小提琴演奏家在演奏的时候一根琴弦突然断了，他就在缺少这根弦的情况下，用其他几根弦完成了演奏。他想，他与小提琴家遇到的情况正好相似，在出现突发状况的情况下，他也要用现有的条件把课完成。他定定心神，马上排除电脑损坏对他的影响，重新调整状态。好在他的讲课经验比较丰富，那一次用提纲讲课，反而因为缺乏辅助条件而调动了自己的潜力，学员对他的讲授很满意。虽然讲课没有失败，但讲完课之后，他觉得非常疲惫，一句话都不愿意再讲了。

用应急的方式达到满意的效果，需要付出很大代价，从此以后，他把每次提前到场的时间变成了一个小时，哪怕是在休息室或车里等上半天，他也觉得比慌慌张张进场好得多。从容地步入讲台，你的内心才会有安定的感觉，才会平心静气地去讲话。

总而言之，在未演说前先认识一下会场，了解一下方方面面的情况，并注意前者说话的内容，对你自己的演说绝不会没有效用。

克服恐惧，自信是演讲的必备技能

你在当众讲话的时候是否也会觉得自己心跳加剧、颤抖、流汗，或者是口干舌燥？这些感觉使你产生强烈的不自在感，往往让你苦不堪言。我们之所以会有这样的表现，是因为我们内心缺乏勇气和自信。

其实，害怕当众说话并不是个别现象。很多职业演讲者都坦白地承认，他们从来都没有彻底消除过登台说话的恐惧。那么，是什么原因让我们如此恐惧呢？总结下来主要有以下四大因素。

1. 生物反应

你的心脏在胸膛里狂跳。

你的头脑猛然一热，并由此脸红。

你的手足潮湿而冰冷。

你的双手开始颤抖和震动。

你的汗腺开始激活，虚汗直冒。

做出这样的反应是交感神经作用的结果，当你面临危险的时候，体验到一种害怕的感觉，交感神经系统会使你产生肾上腺素，这种激素给你的暗示是"要么知难而上,要么临阵脱逃"。交感神经被激活之后,就会引起一系列的生物反应。

其实,在讲台上讲话和在丛林中遇到猛兽是一样的,都会让人产生强烈的危险感,危险会使你的身体和心理主动为你提供保护,恐惧紧张的心理由此衍生。从生理学上讲,人要想永远保持焦虑和紧张是不可能的。实际上,多数焦虑情绪都具有自我适应能力,或者很快消失。

2. 思想反应

你不想在众人面前暴露自己的缺点;你讨厌别人对你评头论足。
你觉得自己像一个傻瓜,把面子都丢尽了。
你的自信建立在他人的肯定之上。

思想反应是伴随着生理反应一起出现的一种认知因素,这种因素迅速贯穿于你的头脑中,并产生一种干扰性的想法。比如说,只要我不在别人面前暴露自己的缺点,别人就不会知道,而一旦在众人面前说话,自己的根底有多深别人就会看得一清二楚,自己的拙劣就会暴露无遗。别人知道了这些,以后怎么还会有自己的立足之地呢?所以,不说话是最稳妥的方法。

其实,当你有这样的思想反应之时,你不妨想一想,一个人拥有了这么多顾虑,还怎么大显身手,发挥自己的长处?如果自己的长处无法发挥,那么,你的人生成就也就会有所限制,无疑也会影响到别人对你的看法。其实,人们在评价一个人的时候,以成败论英雄是最常见的标准,他们不会在乎你在路上摔了多少跤,而是看你最后是不是登上了山顶。

一个人在社会上生存,从来都不是单一存在的,无论是工作还是生活都免不了与人打交道,说话是人与人交流最重要的手段。一个不想说话的人,一定会逐渐被社会淘汰,更别说有所成就。所以,你大可不必胆小地躲在自己设定的框框里,你应该采取热诚主动的态度去与人交往。你要知道,你的担心是完全没有必要的。

3. 个人经历

上学的时候,你要在同学面前做报告,本来准备充分的你却在讲台上呆若木鸡,脑子里一片空白。

同学们哄然大笑,一点情面都不给你留,让你想找个地洞钻进去。

办公室开会的时候,你有许多话要说,但是当你站起来的时候,却结结巴巴,语不成调,声音还发抖,同事们都看见了,虽然他们没有说什么,但心里却认为你特别没出息。

相信很多人都有这种不堪回首的经历,这种经历也是让你产生恐惧感的重要原因。

许多害怕说话的人都会记得一两件公开发言而出丑的例子,当别人对你的语言能力或者是行为举止表现否定态度的时候,你就会产生这种紧张感。因此,在下一次面临同样的局面之时,你也会畏缩不前,越是躲避,恐惧感就越会增加。

这种时候，你一定要调整好自己的心态，你要明确告诉自己，所有的人都会有恐惧感，即使是职业演说家，也从来不会完全克服登台的恐惧，自己要像他们那样很快地克服这种怯场，并进入镇定的状态，这样，才不会让同样的经历在自己身上再一次发生。

4. 性格影响

你文雅安静，一说话就会脸红。

你说话前总是考虑再三，即使向别人问路也要思前想后，就是开不了口。

有些性格内向或天生害羞的人当众发言时会感觉不自在，这就是说"恐惧交流"是人天生就具备的。的确如此，它是人与生俱来的一个弱点，并且和人的性格有很大的关系。

心理学家认为，性格是一个人的行为表现较为稳定的基本特征。性格具有稳定性，也就是说，一个人的性格在一定的教育和环境的影响下形成后，是难以改变的，所以才会有"江山易改本性难移"的说法。

科学家曾经对一对孪生姐妹进行过观察研究。这对双胞胎姐妹外貌相似，先天遗传素质完全相同，家庭生活和所受教育的情况也相同。虽然这对姐妹一直在同一个小学、中学和大学接受教育，然而在遗传、教育和环境如此相同的情况下，姐妹俩的性格却很不相同：姐姐善于说话与交际，自信主动，果断勇敢；而妹妹却相反，缺乏独立自主意识，说话办事总是随同姐姐。有关专家找她们交谈时，也都是姐姐先回答，而妹妹只是表示赞同，不爱说话，或仅仅是稍作补充。

姐妹俩完全不同的性格是怎样造成的呢？原来父母在她俩中认定一个是姐姐，另一个是妹妹，从小就交代姐姐照管妹妹，对妹妹负责，做好妹妹的榜样，带头执行长辈委派的任务。这样一来，姐姐从小就形成了独立、自主、善交际、较果断的性格，而妹妹却养成了遵从姐姐的习惯。

这说明人的性格是长期在所接受的教育和环境的影响下形成的，但这并不适用于成年人。对于成年人来说，性格实际上是由心理状态决定的，也就是说，如果一个成年人能改变自己的心态，那么他就能改变自己的性格。

正像如何提高当众说话的能力一样，日常生活中的任何沟通交流，都需要人们克服畏惧、建立自信，这是使沟通更为高效的前提。只有这样，人们才能够最大限度地发挥自己的潜在能力，在各种场合中发表恰当的讲话，博得赞誉，赢得别人的喜欢，获得成功。

总之，在当众说话时，产生一定程度的恐惧感是正常的，但是你要做的就是，利用好这种适度的恐惧感，使自己的讲话更好。有时候，即使这种恐惧感一发不可收，甚至会造成心理障碍、言辞不畅、肌肉痉挛等严重情况，并因此严重影响你的说话能力，你也大可不必绝望。大多数人都有这样的症状，是很常见的，只要你肯多花时间，努力改变，不断训练自己，你就会发现这种恐惧感很快就会降低到适当的程度，这时它就会成为一种动力，而不是阻力了。

积累人生阅历，是演讲精彩的有效途径

　　准备，究竟是怎么一回事呢？是阅读书籍吗？那只能算是一种方法而已，却不是最佳途径。阅读可能有助于演讲，但是，如果演讲者力图把书中"成品"的思想为己所有并迅捷地表达出来，这其中，就好似缺少了一点什么。也许，听众不能中肯地指出演讲缺乏的东西，但是，演讲者将不会获得他们热烈的响应。

　　下面我们来证明这一点。

　　不久以前，我为纽约市银行的高级官员讲授公共演讲课程。自然，这一群体成员的时间都安排得非常紧张，他们经常发现在演讲之前去进行精心地准备，或如自己所构想的那样去准备，是很不现实的。在其生活中，他们总是从自己的思想角度出发去思考问题，进而形成自己的判断，从自己独特的视角和以往的生活阅历中去看待事物。因此，在那样的习惯中，他们四十年如一日地积累着演讲的材料，而自己却很难认识到这一点，往往是一叶障目。

　　这群学员通常在周五晚上的五点至七点进行演讲培训。有一次，我们指定一位城镇银行的男士杰克逊先生作一次发言。他四点三十分就到了。他会带给我们一次什么样的演讲呢？走出办公室时，他首先在报摊上买了一本《福布斯》杂志，接着，在去联邦储

备银行培训的地铁上阅读了一篇文章,名字是《你只有十年的时间取得成功》。其实,这篇文章并非他的兴趣所在,但为了找一个话题应付这次的演讲,他选择了这样做。

一小时后,他上台发言,不言而喻,他力图把这篇文章令人信服而饶有兴趣地讲述出来。那么,这一结果或者该说这一注定的结果是怎样的呢?

很明显,他并没有加以消化和吸收这次演讲的内容,他只是试图去复述原文罢了,所以,在演讲中,他缺乏自己真正的东西。他的言谈举止已使这一切暴露无遗。因此,他又怎能幻想着给听众以震撼呢?由于不断地提到自己阅读的这篇文章,提到文章作者的观点如何如何,使得这次演讲已成了《福布斯》杂志的,而不是他——杰克逊先生的。

因此,针对这一情形,我发表了自己的看法:"杰克逊先生,我们对那位幕后的文章作者毫无兴趣,他不在我们的身边,我们也无缘识荆。但我们对你本人及观点却是饶有兴致,请讲出自己的思想,而不要人云亦云。在这次演讲中,你要更多地向我们展示你本人的东西。建议你下周再以此为题进行发言,对这篇文章要反复阅读,弄清自己是否同意文章的观点。如果同意,要用你自己的经历来证明;如果不同意,也要实事求是并讲出理由。但愿这篇文章成为你自主演讲的开端。"

杰克逊先生采纳了这一建议,重新阅读这篇文章之后,发现自己根本不同意作者的观点。对于下一次的演讲,他不再重蹈覆辙,像上次一样坐在地铁里敷衍了事了。相反,他努力使自己充实丰富起来。开始时，他的头脑就如孩童一般单纯，但如今，就如孩子们的身体一样，不断成长发育，在不知不觉中，好像突然长大了似的，令他大吃一惊。当他看报时，某个想法会瞬间闪现；当他与朋友讨论这个演讲主题时，某个事例也会不期而至。在这神奇的一周里，随着他的不断思索，这一主题不断得到深化和提升，其广度也不断扩展、内容也不断丰富和翔实。

当杰克逊先生再次以这一主题发表演讲时，他有了自己的真知灼见，正如拥有了属于自己的矿藏和财富一样。因为与作者的观点大相径庭，所以，他自始至终都是在演讲而不是复述。意见相左可谓是对演讲者最大的激励。

同一个人，在两周之内，关于同一个主题所做的两次演讲，却产生了截然不同的效果，多么不可思议啊，而这恰是正确的准备使然！

现在，我们再援引一个例子，从中我们能够理解演讲前准备与否会产生何种不同的效果。

有这样一位男士，我们称为弗兰先生，他是华盛顿特区公共演讲班的学员。一个下午，他要作一场赞美首都的演讲。在此之前，他仅是匆忙而未加思考地搜集了一些事实材料，而这些材料来源于哪里呢？它们来源于一家报社发行的压缩本小册子。而这些事实听起来干涩，毫无逻辑并且生硬无比。而且，这位同仁对演讲主题也缺乏充分的准备，因而，难以调动起自己的激情。他对自己的演讲只是感到没有多少意义可言，整个过程显得平淡、乏味而又无效。

两个星期以后，发生了一件事情，触动了弗兰：在公共停车场，他的车失窃了。他马上飞奔到警察局，并许诺破案后的酬劳，但这一切好似徒劳无功。警员们承认，处理这样的犯罪行为，对他们而言，几乎是不可能的。

然而，就在一星期前，这些人却在街上闲逛，手里拿着粉笔，还因弗兰先生停车超时十五分钟而给了他一张罚单。这些整日繁忙而无暇抓捕罪犯的"粉笔警察"激怒了弗兰先生。他开始愤愤不平起来，他感到有话要说，这些话不再源于报社印刷的小册子，而是从他那活生生的生活经历中滚烫地流出来的。

这是一个人真实生活的组成部分，它唤醒了弗兰先生的感情和信念。在对华盛顿溢满赞誉之词的演讲中，他的言语并不顺畅。可现在，他只需从自身的角度出发，直抒胸臆，对于警察的怨言便会喷涌而出，正如处于活跃期的维苏威尔斯火山一样。这样的演讲很少遭到失败，因为它是生活经历和感悟的完美结合。

最后的演练:练习,练习,再练习

这最后一点是我们强调的最重要的一点。即使你现在把前几个方面都忘记了,也一定要记住这一点:演讲中的自信的培养方法最首要、最终的、永远灵验的就是——去讲。实际上,培养自信最必要的一点就是:练习!练习!再练习!这是所有其他方法的必要条件。

"没有它,什么都不用谈。"

罗斯沃尔特告诫说:"初学演讲的人,容易犯'狂热症'。""狂热症"是一种极度兴奋的状态,它与羞涩截然不同。当演讲者初次面对众多听众,或初次遇到自己的同性对手,或者是在与别人争吵时,都会很容易感染这种情绪。

因此,这样的演讲者不是缺乏勇气而是需要对情绪加以控制,保持冷静的头脑。而要获得这些,就应进行实际训练。演讲者必须通过习惯和对自控的不断练习,以完全控制自己的情绪。就不断地努力和对意志力不断地锻炼而言,自控实际上是一种习惯。如果演讲者通过每次锻炼都能吸收有益的东西,那么,他将变得日益强大。

你想消除公众恐惧心理吗?那么,先让我们弄清是什么导致了这种心理。罗宾逊教授在《思想的来源》一文中写道:"恐惧的产生是因为对所要讲的东西的无知或不确定。"换句话说：这是对自己缺乏信心的结果。那么，是什么导致了这种情况的发生呢？这是因为你不知道自己实际上能做些什么，不知道是因为缺乏经验而限制了你的能力。当你取得了成功的经验后，这种恐惧将会消失得无影无踪，这正如阴霾的天气出现了太阳一样。

有一点我们是非常肯定的：学习游泳的方法就是亲自下到水里。这本书你已读了很长时间了，那么，为什么不放下它而去开始实际的工作呢？

现在，你应选择一个自己喜欢而且有所了解的主题，组织一个三分钟的演讲。然后，反复地练习。如果有条件的话，去面对一群想听你演讲的人，或在你的朋友们面前，竭尽所能，展示你的才华。

第二章

▽

写好演讲稿,演讲就成功了一半

▽
▽

不是每一个人都学识渊博,也不是每一个人都记忆超群。在进行一场演讲之前,准备一篇讲稿是非常有必要的。如果有一篇完美的讲稿,不仅能为讲话提供依据和准绳,更能牢牢抓住听众的心,引起听众的共鸣。那么,演讲稿该怎么写才更吸引听众呢?有哪些技巧呢?通过本章的学习,相信你就能明白了。

写好开场白,全世界都会被你吸引

苏联文学家高尔基曾经说过:"最难的是开场白,就是你要说的第一句话,就跟音乐的定调一样,整首曲子的音调,都由它来决定。"由此可见,开场白对于讲稿具有十分重要的意义。

开场白是讲话者要传递给听众的第一个也是最为重要的信息。好的开场白能够马上抓住听众的心,听众自然就会认真地听下去;而糟糕的开场白则会引起听众的反感,听众的注意力很快就会从讲话者身上移开。

每个人都希望自己的讲话能够受到听众的欢迎。如果能写出一个与众不同、一鸣惊人的开场白,就能达到事半功倍的效果。就开场白的表现形式而言,有开门见山式、语出惊人式、制造悬念式、幽默自嘲式、触景生情式、旁征博引式、设问开场式等。每种形式都具有不同的表现效果,能引起听众的极大兴趣。

在运用不同表现形式的过程中,不必拘泥于一种固定的形式,可以有所变化,也可以融会贯通。总之,目的只有一个,那就是用精彩绝伦的开场白吸引听众的注意力,让自己的讲话成为听众关注的焦点。

鲁迅先生曾经做过《少读中国书》的演讲,他的开场白是这

样的:

今天我的讲题是:少读中国书,做好事之徒。我来学校是搞国学研究工作的,是教授中国文学史课的,理应劝大家埋首古籍,多读中国书。但我在北京,就看到有人主张读经,提倡复古。来这里后,又看到有些人抱着《古文观止》不放,这使我想到,与其多读中国书,不如少读中国书好。

鲁迅先生的开场白看似平淡,但是直接点名了演讲的主题,给人一目了然的感觉。知道了主题,必然会想知道"少读中国书"的原因,这就引起了听众的好奇心,促使听众更加认真地去听接下来的演讲。

在写开场白时,不仅要想方设法吸引听众的注意力,还要注意一些可能影响讲稿质量的因素。比如,开场白不能太长,太长的开场白会使听众找不到讲话的主题;不要用专业性太强的语言开场,这会让听众产生消极的情绪;不能因听众的身份地位而区别对待,因为每个人都是平等的,特意强调对某些人物的尊重,会令听众产生抵触情绪;等等。

写开场白的时候,一定要多用一些心思。只有经过认真衡量和深入思考之后,才可能达到一个相对完美的效果。

一段精彩的开场白,能瞬间吸引听众的注意力,让听众随着讲话者的思路走进其创设的世界,令整个讲话更加顺畅,现场的氛围更加热烈。

用言简意赅的语言,表达最有内涵的信息

在日常生活中,很多人会陷入这样的误区:他们认为在演讲的时候,说得越多,越能体现一个人的知识渊博。于是,很多人写出的讲稿通常是长篇大论。实际上,语言贵在精而不在多。只要能清晰地表达自己的观点,用简洁的语言进行阐述,反而更能体现讲话者的智慧。

演讲的目的是为了传播思想和信息,想在短短的时间内让听众理解并接受这些思想和信息,就更加需要简洁的语言表达。如果讲稿中出现了过多的空话、套话,既浪费了听众宝贵的时间不说,大家也难以把握讲话的主题和重点,难免会出现厌烦情绪。

当然,语言简洁并不是单纯地把话说得简单一些,而是用简短而有力的语言来替代冗长而空洞的内容。在确保语义准确、完整的前提下,对语言进行提炼和概括,令听众能够更加直观地体会到讲话者所要传递的思想和信息。

1936年10月19日,上海各界举行了公祭鲁迅先生的大会。中国著名的政治家和出版家邹韬奋先生进行了演讲。

"今天天色不早,我愿用一句话来纪念先生:许多人是不战而屈,鲁迅先生是战而不屈。"

邹韬奋先生的讲话只有一句而已，传递出的却是对鲁迅先生的推崇、赞美，具有无比强大的精神力量。言语虽短，却能切中要害、震撼人心，这就是一个成功的讲话。就像莎士比亚说的那样："简洁是智慧的灵魂，冗长是肤浅的藻饰。"

美国总统奥巴马竞选时的开场白是这样的：

如果有人怀疑美国是个一切皆有可能的地方，怀疑美国奠基者的梦想在我们这个时代依然燃烧，怀疑我们民主的力量，那么今晚这些疑问就都有了答案。学校和教堂门外的长龙便是答案。排队的人数之多，在美国历史上是前所未有的。为了投票，他们排队长达三四个小时。他们其中的许多人是一生中第一次投票，因为他们认为这一次大选结果必须不同以往，而他们手中的一票可能决定胜负。

奥巴马的发言并不长，但是每句话都蕴含着振聋发聩的力量，让人陷入深深的思考之中。他在告诉人们：每一个人都有投票的权利，每一个人都应该享受自己的权利；人民的力量是强大的，能让不可能变成可能，创造种种奇迹。

能用最少的语言表达出最多的思想和信息，这才是演讲的最高境界，能够反映出讲话者的高超水平。滔滔不绝地讲话是一种能力，能够言简意赅、一语中的则是一种更高层次的能力。

用简洁的语言写出讲稿，这是一种智慧的体现，更是一种对能力的考验。努力试着做到这一点，才能让讲稿更加具有吸引力。

善用修辞,让演讲稿"活"起来

修辞在《现代汉语词典》中的解释是:修饰文字词句,运用各种表现方式,使语言表达得准确、鲜明而生动有力。如今,修辞学已经成为一门独立的学科,专门用于研究如何更好地运用修辞。

中国著名的修辞学专家陈望道认为"修辞不过是调整语词,使达意传情能够适切的一种努力"。亚里士多德则将修辞定义为"一种能在任何一个问题上找出可能的说服方式的功能"。

虽然中外学者对修辞的定义有所不同,但是大多数学者都认为修辞和语言有着十分密切的关系。运用恰当的修辞,能够增强语言的表达能力和表达效果。

我们知道,演讲是一门颇具内涵的艺术。为了使语言的艺术性更强,适当运用一些修辞就成了自然而然的要求。

在讲稿中,经常用到的修辞手法有比喻、夸张、排比、类比、象征、双关、设问、反问、借代、引用等。每种修辞手法各具特色,可以在一段文字中单独使用,也可以几种修辞手法融合使用。

毫不夸张地说,修辞手法具有超乎想象的魔力,能将枯燥变得生动,将抽象变得具体,将虚弱变得刚强,将冷漠变得温暖。总之,巧妙地运用修辞,能使讲稿变得有血有肉、形象立体起来。

在2008年中央电视台《赢在中国》的节目上，俞敏洪先生进行了十分精彩的演讲：

人的生活方式有两种。第一种是像草一样活着。你尽管活着，每年还在成长，但是你毕竟是一棵草，你吸收雨露阳光，但是长不大。人们可以踩过你，但是人们不会因为你的痛苦而产生痛苦；人们不会因为你被踩了而来怜悯你，因为人们本身就没有看到你。

所以，我们每一个人都应该选择第二种活着的方式——像树一样活着，像树一样成长。即使我们现在什么也不是，但只要你有树的种子，即使被人踩到泥土中间，你依然能够吸收泥土的养分，自己成长起来。当你长成参天大树以后，在远远的地方，人们就能看到你；走近你，你能给人一片绿色。活着是美丽的风景，死了依然是栋梁之材，活着死了都有用。这就是我们每一个同学做人的标准和成长的标准。

在这段演讲中，俞敏洪先生运用了对比的修辞手法，将人的两种生活方式进行了对比，深刻体现出两者之间的巨大差异。他提出人要"像树一样活着，像树一样成长"，激起了听众们的强烈共鸣，产生了巨大的影响力。

在平时的积累中，我们可以多读书，或是观看演讲大师们的演讲，学习一下如何巧妙地运用修辞手法，切实做到熟练掌握各种修辞手法的特点，这样才能在写讲稿时信手拈来、巧妙运用。切忌不懂装懂，随意运用修辞，否则就会贻笑大方，令讲话者颜面尽失。

写感人的故事,你就会讲出感人的话

无论是说书讲义的艺人,还是拍摄电影、电视剧的导演,都是用自己的方式在讲故事,区别只是表现形式不同而已。如果能在讲稿中加入精彩的故事,那肯定比枯燥无趣的说理更受听众欢迎,更能引起听众的热烈反馈。当听众能够积极地融入讲话的氛围之中时,听众会更加享受听讲的过程,讲话的目的便更容易达成了。

在讲稿中运用故事,一定要注意以下两点。

1. 故事要贴合主题

讲故事的目的是为了吸引听众,更好地表现出主题,如果故事和主题没有什么关联,那么就会削弱主题、得不偿失了。

2. 故事要新颖有趣

世界上的故事不计其数,很多精彩的故事人们都耳熟能详。在选择故事的时候,要尽量挑选新颖有趣的,这更能吸引听众的注意力。

毛泽东就非常善于利用讲故事来表达自己的观点。

1931年2月,红军准备展开第二次反"围剿"的战斗。红军学校工兵连接到的任务是挖防空洞,避免遭到敌机轰炸。这个命令让战士们心中有些不快——每个人都想到前线打仗,不愿和石头、泥土打交道。

得知这种情况,毛泽东去做战士们的思想工作。毛泽东讲了《西游记》里的故事:"白龙马实际上是海里的小白龙,也有一身的本领,可是他情愿变作白马,去当唐僧的坐骑,保护唐僧到西天取经。一路上受尽各种磨难,终于取回了真经,唐僧师徒也都得到封赏。白龙马这种淡泊名利、任劳任怨的精神,是非常值得学习的。要我说,你们也应该学着做红军的一匹骏马,驮着革命走向最终的胜利。"

战士们听了这个精彩的故事,马上明白了毛泽东的意思,也感受到了自己的价值,于是全都精神抖擞地投入到了挖防空洞的工作之中。

一个小小的故事就能鼓舞战士们的士气,可见故事确实具有极大的魅力。在讲稿中巧妙地引用精彩的故事,不仅能让讲话更加生动形象,也能给听众带去思考和想象的空间,使听众对讲话产生更加深刻的认识。

当然,在讲稿中引用故事也是一把"双刃剑"。如果故事引用得当,就能为讲稿锦上添花,甚至起到画龙点睛的作用;如果故事引用得不好,就会弄巧成拙,使讲稿失去原本的色彩。讲者想要熟练地运用精彩的故事,就要在平时多加积累,无论是历史故事还是名人逸事,都可以涉猎并掌握。即便无法立即运用,在下一次写讲稿的时候,说不定就能用到了。

写过往经历，用共鸣拉近与听众的距离

一次成功的演讲，必然会在讲话者和听众之间形成感情上的共鸣。形成共鸣之后，听众才会更认真地听讲，更好地接受讲话者所要传达的信息，更深刻地理解讲话中的深层含义。

那么，怎样才能使讲话引起听众的共鸣呢？

每个人都乐于和自己喜欢的人进行交流，听自己有好感的人说话。听众面对讲话者时，也会带有这样的心理。所以说，想要吸引听众，讲话者首先要让听众喜欢自己，接受自己。而要做到这一点，讲稿中就要加入一些能够和听众拉近距离、联络感情的内容。

常言道"物以类聚，人以群分"，那些具有相同经历的人通常能够更好地交流和相处。为了和听众拉近距离、联络感情，讲话者应该在寻找与听众相同的经历上下功夫。反映在讲稿上，就是要融入一些听众与讲话者都曾经历过的事情，如打工、求学、挫折甚至是失败，等等。

听到相同的经历，听众更能感同身受，感情上更容易接受和理解，也就对讲话的内容更加认可和期待。

在一次毕业典礼上，华中科技大学校长李培根曾发表过这样的一次演讲：

……

我知道，你们还有一些特别的记忆。你们一定记住了"俯卧撑""躲猫猫""喝开水"，从热闹和愚蠢中，你们记忆了正义；你们一定记住了"打酱油"和"妈妈喊你回家吃饭"，从麻木和好笑中，你们记忆了责任和良知；你们一定记住了"姐的狂放""哥的犀利"，未来某一天，或许当年的记忆会让你们问自己，曾经是"姐的娱乐"，还是"哥的寂寞"？

亲爱的同学们，你们在华中科技大学的几年给我留下了永恒的记忆。我记得你们为烈士寻亲千里；我记得你们在公德长征路上的经历；我记得你们在各种社团的骄人成绩；我记得你们时而感到"无语"，时而表现得焦虑；我记得你们为中国的"常青藤"学校中无华中大一席而灰心丧气；我记得某些同学为"学位门"、为光谷同济医院的选址而激愤；我记得你们刚刚对我的呼喊，"根叔，你为我们做了什么？"——是啊，我也得时时拷问自己的良心，到底为你们做了什么？还能为华中大的学子们做什么？

……

同学们，你们中的大多数人即将背上你们的行李远行。请记住，最好不要再让你们的父母为你们送行。面对岁月的侵蚀，你们的烦恼可能会越来越多，考虑的问题也可能会越来越现实，角色的转换可能会让你们感觉到有些措手不及。也许你会选择"胶囊公寓"，或者不得不"蜗居"，成为"蚁族"之一员。

没关系，成功更容易光顾磨难和艰辛，正如只有经过泥泞的道路才会留下脚印。请记住，未来的你们大概不再有批评上级的随意,同事之间大概也不会有如同学之间简单的关系;请记住,别太多地抱怨,成功永远不属于整天抱怨的人,抱怨也无济于事;请记住,别沉迷于网络世界的虚拟,还得回到社会的现实;请记住,"敢于竞争,善于转化",这是华中大的精神风貌,也许是你们未来成功的真谛;请记住,华中大,你的母校。什么是母校?就是那个你一天骂她八遍却不许别人骂的地方。

亲爱的同学们,也许你们没有那么多的记忆,也许你们很快就会忘记根叔的唠叨与琐细。尽管你们不喜欢"被",根叔还是想强加给你们一个"被":你们的未来"被"华中大记忆!

……

李培根校长的这段演讲并没有华丽的辞藻,也没有过多地加以修饰,但是依然令同学们潸然泪下。他讲的是同学们一起经历过的种种过往,这种相同的经历引起了同学们的强烈共鸣。

在日常生活中,某些特殊的事件,如第一次开车、第一次面试等会让人记忆深刻,类似的事件甚至会在某些人的脑海中留下永恒的印记。将这些事件适当地运用到讲稿中,一定能引起听众的共鸣,进而增加讲稿的亲和力和说服力。

需要注意的是,运用类似的特殊事件时,并不是随意说说就行了,真正经历过的人,肯定带有感情的痕迹。在讲话的时候,一定要饱含真情实感,这样才具有更大的感染力。

耐人寻味的结尾,激发听众的感情

从某种意义上说,对讲稿结尾的要求应该比开场白更高,用语要更有内涵,内容要更加耐人寻味。这是因为,结尾不仅能呼应前文,更是对整个讲话的提炼和升华。一个好的结尾,能够激发听众的感情,令听众久久不能忘怀,产生更加深刻的思考。

有位古人曾说:"文章精神全在结束。"就此而言,想写出一篇完美的讲稿,就必须力争写出一个美妙无比的结尾。讲稿结尾的方式,与开场白一样有很多种,常用的有总结式、幽默式、号召式、祝福式、高潮式、评论式、决心式、名言式、展望式等。

1883年3月17日,恩格斯发表了《在马克思墓前的讲话》,其结尾震撼人心:

……正因为这样,所以马克思是当代最遭嫉恨和最受污蔑的人。各国政府——无论专制政府或共和政府——都驱逐他;资产者——无论保守派或极端民主派——都竞相诽谤他,诅咒他。他对这一切毫不在意,把它们当作蛛丝一样轻轻拂去,只是在万不得已时才给予回敬。

现在他逝世了,在整个欧洲和美洲,从西伯利亚矿井到加利福尼亚，千百万革命战友无不对他表示尊敬、爱戴和悼念，而我可以大胆地说：他可能有过许多敌人，但未必有一个私敌。

他的英名和事业将永垂不朽！

恩格斯的讲话以评论式的结尾结束，他对马克思的评论，不仅体现了马克思遭受的种种不公，更突出了他为革命甘于忍受的伟大精神。通过这个结尾，升华了马克思的光辉形象，令听众为之肃然起。

美妙的结尾能令讲稿熠熠生辉，而失败的结尾则会影响整个讲稿的质量和讲话的效果。因此，在写讲稿的过程中，一定要避免下面几个问题。

1. 偏离主题

讲稿的结尾首先应该为主题服务，一旦偏离主题，就会使整个讲稿显得凌乱，让听众难以把握主题。

2. 结尾拖沓

讲稿的结尾应该尽量简练，篇幅不能过长，否则会让听众感觉无聊，产生反感。

3. 陈词滥调

一旦讲稿的结尾被陈词滥调充斥，听众就会失去新鲜感，完全没有心思继续听下去。

第三章

▽

打动人心的开场白，一开口就掌控全场

▽
▽

相信看过小说和电影、玩过游戏的你一定会有这样的体验：开头精彩的作品，你会看进去或玩进去；而一开头就索然无味的作品，你一定是选择放弃。一场演说也是如此：如果开口就味同嚼蜡，那么听众就会毫无兴趣；而如果是精彩、惊奇的开场，听众的热情一下子就会爆发出来。因此，如果你想掌控全场，就从一个打动人心的开场做起吧！

精彩演讲始于一鸣惊人的开场

卡耐基曾经请教西北大学的前任校长雷恩·哈罗德·赫克先生——一位具有丰富演讲实践经验的人士，什么才是演讲者最重要的东西。在略加思索之后，他这样回答："在演讲的开头部分，演讲者就应紧紧抓住听众的心。"这正是赫克先生本人的真实写照，每次演讲前，他都会预先精确地设计好开头和结尾部分。约翰·布兰特、格莱特斯通、韦伯斯特、林肯等人都是这么做的。实际上，每位具有常识和经验的演讲者都是这么做的。

那么，演讲的初学者是否也是这么做的呢？极少如此。演讲的谋划是要耗费大量时间的，它需要思考和坚定的意志力，因为，大脑的活动是一个艰辛的复杂过程。托马斯·爱迪生从乔舒亚·瑞劳兹那里节选了下面这句话，并把它刻在了自己工厂的墙上：世界上没有一条捷径可以让你逃避开思考的艰辛。

演讲的初学者过分相信人的瞬间的灵感，但结果往往让他们大失所望，他们发现：自己前进的道路上布满了泥潭和陷阱，一不小心，就会陷落进去。

已逝的劳德·诺斯克雷夫，最初只是一个靠微薄的周薪度日的穷人，但经过一番奋斗后，他成了大英帝国中最富有和最有影响力的报刊业巨头。下面这句援引自巴加斯的话被诺斯克雷夫尊奉为其成功最重要的因素：预见未来意味统治一切。

这句话也应成为你设计演讲时的座右铭。你应预想以怎样的开头才能别致新颖、抓住听众心灵，预想你的演说将会给大家以什么样的印象，而这印象往往是很难改变的。

关于这一方面的问题，自从亚里士多德时代便有许多书籍涉及，它们通常把演讲分为三个部分：开场、正文和结论。直到近年，演讲的开场部分还只是被大家当作随意的玩笑，那时的演讲者既是新闻传播者，同时也是供人娱乐者。也就是说，一百年前，演讲者在社区中的作用就如今天的报纸、杂志、无线电、电视、电话、电影一样。

但是，现在情况已发生了天翻地覆的变化：整个世界的联系已非常密切，各种发明创造也极大地加快了我们的生活节奏，这远远超过了自伯沙撒王和尼布甲尼撒二世以来的任何时代。例如，我们已拥有了汽车、飞机、网络和电视等工具，这使我们可方便迅捷地到达世界各地或获得任何一个地方的信息。

因此，现在的演讲者必须紧紧跟上今天生活的快节奏，如果在演讲中要先来一段开场告白的话，那就一定不要拖沓，而要像路边的广告牌一样简洁。无论怎样，你应谨记现在的演讲听众已大异于前，他们的想法通常如此："噢，要进行演讲吗？那可以，请言简意赅，别浪费时间。"

开场切中要害,讲听众感兴趣的主题

在开始演讲时,要根据你的听众的兴趣确定要讲的内容,这是演讲开场的最佳方法之一。毫无疑问,这种做法必定会抓住听众的心灵。因为,只有让我们感兴趣的事情才能最深刻地影响我们自己。

这个道理是众所周知的常识,但是,真正做到这一点却是非同寻常的。例如,我曾听过一场关于"定期健康检查的必要性"的演讲。讲话者是怎样开始自己的演说的呢?他首先讲述了生命科学技术学院的历史,它是怎样运作的以及它提供何种服务。这简直是荒谬透顶!因为现场的听众对此毫无兴趣,他们只对自己关心的事情感兴趣!

所以,为什么忽视这一基本的事实呢?为什么不表明生命科学技术学院与大家的密切关系呢?作为演讲者你不妨这样来说:"据人寿测算表你是否知晓自己能有多长的寿命呢?如保险业精算师计算的那样,人的待活寿命是现在年龄与80岁之差的三分之二,比如说,你现在35岁,那么与80岁之差就是45岁,你的待活寿命就是45的三分之二,即30年。

"这段时间足够吗?当然不够,我们每个人都盼望着自己能多活几年。可是,生命测算表是根据数百万人的寿命情况测算的。

"我们也许希望自己是一个例外，而如果你能对自己的健康多加注意，这个愿望也可能会如愿以偿；但是，要达成这个愿望，你首先应进行定期进行健康检查……"

接着，如果我们再来详细解释为什么定期进行健康检查是必要的，那么听众就会对提供服务的机构感兴趣。因此，一开始就不带感情色彩地谈论这些机构是糟糕而致命的。

我们再举一个例子。

有一位学生做了一场关于保护森林资源迫切性的演讲。他以下文作为演说的开头："作为美国人，我们应以自己的丰富资源而深感自豪。"接下来，他又叙说："我们在无度地滥伐自己的森林。"非常遗憾，这个开头很是糟糕，因为它过于笼统和模糊了。它就像是一台机械的打印机，没有使听众感到滥伐森林对其生命攸关的影响，而实际上，这对于商业的影响却是实实在在的。

假如听众中有一位银行家，滥伐森林会影响到社会繁荣，从而就影响到了其银行经营。因此，为什么不以这样的说法作为开场呢："我演讲的这个主题能影响到在座各位的生意，比如在座的阿波巴先生、索鲁先生。实际上，从某种意义上来说，它还会影响到我们的衣食住行，动摇整个社会的福利和昌盛。"

这是否夸大了保护森林资源的重要性呢？一点也不。这只是遵循了阿尔伯特·哈伯德的训谕而已："要把一幅画放大，然后再把要展示的东西以一种吸引人们注意的方法安排好。"

开场这么说，演讲就会没得说

"良好的开端，是成功的一半。"对于一场演讲来说，开场白的作用确实很大。当年，威尔逊总统在国会上发表演说，针对德国潜艇战发出最后通牒，只不过用了20个字，却成功地把人们的注意力吸引住了。这段话是："我有义务向诸位坦白，我国和德国的关系出现了一种全新的情况。"

如果把演讲比做飞行，那么开场则是飞机的起飞，所以开场的失败就相当于起飞没有成功——虽然有些不同，但是却一样很危险。虽然每一个演讲者都不希望自己精心准备的演讲被平庸的甚至是非常失败的开场白破坏，但并不是所有人都能避免这一点。

我们希望在开场的时候就能牢牢地抓住听众的注意力，建立和听众之间紧密的、和谐的关系，而不希望相反的情况发生。我们希望听众在听完我们的开场白后说："看来我应该认真地听下去。"如果你也希望这样，那么你需要避免下面这些导致你最终失败的开场白。

1. 一开始就道歉

你是否听过有人用下列说法开讲："两个星期以前领导才告诉我

要我代表单位做这个讲话,在这之前我一点都不知道。后来我又要到某某地方出差,原来计划准备这篇讲话的时间也没有了。在回来的途中,我在火车上着了凉,所以我担心今天的发言一定讲不好!其实我这人不太会讲话,但是……"听众对这种方式的开场白会感到厌烦,他们会奇怪,发言人怎么不言归正传或干脆闭嘴。如果讲话人身体不适,就会对讲话质量有所影响,那么以生病为理由取消讲话是相当合理的。为了听众着想,发言也应该取消。

没有人希望一开始就听到不幸的消息,除非你一不小心碰倒了讲台或者按灭了演讲大厅的灯,否则你不需要道歉。

听众不希望听到你的借口或道歉,即使他们没有表现出来。你没有必要浪费听众的时间,要知道,他们原本是怀着很大的热情来听你的演讲的!

道歉是因为你内心的不安。不安是很自然的事情,但是你没有必要在一开始就讲出来。试想一下,当你兴致勃勃地倾听一位演说家的演讲时,他这么说:"很抱歉,我将只能简单地为大家讲几句,因为我的时间很紧。"你感觉到了吗?这明明就是表明了你是个以自我为中心的家伙。难道听众没有资格站在这里听你说话吗?

又或者很多人会这么说:"很抱歉大家看到的不是原来那个演讲者,而是我。"你认为这对听众有用吗?这无疑是对观众和自己情绪上的蹂躏。

2. 对自己的讲话消极否定

大家先听一下这样的开场白:"我希望大家听我的演讲不至于是

浪费时间，但是我的确没有准备充分……"

也许这样的表白是想获得听众的原谅，因为你"的确没有准备充分"。但是，这样的表白无疑是一种自杀式的开场，这样的开场会使你一无所获。因为你不但在自我否定，也在否定下面的听众。听众会从你的这句表白里读出这样的意思：他们一点都不重要。否则，你为什么不准备呢？

如果你的开场白是这种自我否定式的，那么我在这里引用吉普林的一首诗的第一句话："继续下去，将会是毫无意义的。"因为，这就是这种开场白的后果。

3. 刻意的幽默

将幽默作为开场白有点像是一个成功率极低的赌注。因为很多喜剧演员如此说："去死很容易，但是要演好喜剧却很难。"是的，要制造幽默很困难，尤其是当需要这种幽默跟你的演讲有关的时候，用幽默的方式开头无疑是在给自己制造麻烦，结果常常会使你的演讲冷场。

但是有无数的演讲者都喜欢用幽默作为演讲的开场白，好像除了这个方法之外再没有其他的选择一样。表面上看起来好像很受听众欢迎，他似乎成功了，但是事实上却并非如此。因为听众就好像是在看一场滑稽剧一样，看完之后就忘记它的内容和表演者了。

4. 高深专业的词汇

你想吓跑还是吓唬观众？否则，就不要在一开始的时候就用那些古怪、陌生的词语。因为这些无聊透顶的词汇会使听众的兴趣消失殆尽。虽然你很想显示你的学问丰富、高深莫测，但是运用这样的开场白还不如没有开场白。

5. 陈词滥调

用千篇一律或者时髦的、低俗的话作为你的开场白会使听众失望和厌烦，因为这些句子简直让听众听得耳朵失去了灵敏性，对他们而言，完全失去了新意。你要尽量给听众新的感觉，做到这一点并不难，只是需要花点儿心思罢了。

6. 区别对待听众

有些演讲者一开始总要特别提及那些坐在台下的重要人物，比如政府官员、学术权威，或者德高望重的人。我并不反对提到他们，但是千万不要让其他听众以为自己被轻视了。千万不要区别对待听众，否则你失去的将是大部分人对演讲的兴趣。你要告诉他们，他们全部都是重要人物。

7. 你是被迫讲话的

每个人都会有这么一种共同认识：被迫做某件事情时，你一般做不好，或者本来可以做得更好却没有做好。但是，却有一些讲话者的确常常在一开始的时候就告诉听众他是被迫来发表这个讲话的。这样的开场白无疑让听众产生无谓的联想，比如你也许会谈点儿别的什么——你为什么是被迫的呢？更加重要的是，这句话表现出你很无奈、消极。在这种情况下，想让听众对你所说的东西感兴趣是十分困难的。

8. 讲这个主题很艰难

这是自信心不足的表现，没有人喜欢倾听一位自信心不足的人唠叨。因为，这样会使人感觉从你的话中得不到他们想要的东西。所以千万不要这么说："对这个主题我感到力不从心……"

这样的开场白会透露出你的胆怯，难道是你害怕你的讲话中有错误，会被权威笑话？既然你已经选择了这个主题，那么它就一定是你所熟悉的——除非你的演讲稿是别人替你准备的。如果听众认为你发表的只是你个人的意见，又怎么会介意你犯错误呢？

总之，开场白给人的印象是深刻的，有时甚至超过讲话的主体部分。如果你在当众讲话中有一个引人入胜的开头，那么，你就迈出了成功的第一步；如果你在开始的时候就平庸冗长，空话连篇，听众就会觉得乏味，从而影响他们的情绪，不能集中精力往下听。因此，当众讲话必须重视开头，精心构思和组织好开头语，力争先声夺人，一开始就把听众吸引住。

好奇害死猫，也能害死听众

下面是鲍威尔·希利在费城的贝思艺术俱乐部演讲的开头部分，你不妨看看这样的开场白是否能迅速激起你的兴趣：

八十二年前的这个时候，在伦敦有一本小册子问世了。时间证明，这是一本不朽的著作，它被许多人奉为"世界上最伟大的小册子"。在其出版的一段时间里，每当朋友们在斯特兰德街或普尔马尔相聚时，彼此之间总是互问："你读了那本小册子了吗？"而回答总是："是的，感谢上帝，我已读过了。"

这本书出版的当天，售出了一千余册，在随后的两个星期里，共售出了一万五千余册。从那以后，此书被重印了无数次，翻译成了数国语言。

难道你不认为这是一个成功的开头吗？它是不是吸引住了你的注意力呢？我曾见到过那林中飞翔的小鸟好奇地打量着我；在高高的阿尔卑斯山山麓上，我结识了一位猎人，他通过趴在床单上以引起岩羚羊的好奇从而捕捉它。各种各样的动物都有好奇之心，比如狗、猫以至于人。

因此，在你开始演讲时便要激发听众的好奇之心，这样，你才能吸引他们的注意力。洛沃·托马斯关于劳伦斯上校在阿拉伯的经历往往以这样的方式开场：我认为劳伦斯上校是现代最具浪漫色彩和最感性的人物之一。

这样的开场有两大优点。首先，一位声名显赫的人物总有令人为之注目的价值。其次，这会激发人们的好奇心："为什么最具浪漫色彩呢？"这个问题顺理成章，还有"为什么最感性呢？我以前从未听说过这一点啊——他都做过些什么呢？"

洛沃·托马斯关于劳伦斯的演讲往往以此为开端：

一天，当我走在耶路撒冷的克里斯汀大街上时，我遇到了一个身穿象征东方权贵者的华丽外衣的人，在其身侧，悬挂着一把弯曲的金剑，这种剑只有预言者穆罕默德的后代子孙才能佩带。但是，这个人从外表来看绝不是一个阿拉伯人，因为阿拉伯人的眼珠是黑色或棕色的，而他是蓝色的。

这段演说肯定激发了你的好奇心，不是吗？你会想听到更多的内容：这个人是谁？他为什么打扮成一个阿拉伯人的样子？他在干什么？他长得什么样？如果一位演讲学员以下面这个问题作为其演说的开场部分：

你知道在当今世界有十七个国家存在奴隶制吗？

那么，他不仅会激发听众的好奇之心，也会使他们感到震惊：奴隶制？今天？十七个国家？好似难以置信。哪些国家呢？它们分布在哪里呢？通过在演讲的开始部分设置一个结果，演讲者往往可以激发听众的好奇心，使他们急切地想知道事情的原因。例如，有位学员以下面这段引人注目的文字开始了他的演讲：

我们的立法机关中有一位议员在最近的立法会议中提出了一项立法草案，草案禁止在校舍附近两英里内的蝌蚪变成青蛙。

你会忍俊不禁：这位演讲者在开玩笑吧？这是多么荒唐啊？这项草案会被采纳并付诸实施吗？于是，这位演讲者进而给出了答案。

在《星期六晚间邮报》中有一篇冠名为《关于歹徒》的文章，它是这样开头的：

歹徒们是否是有组织的呢？通常情况下是这样的。那么，他们是如何组织起来的呢？

寥寥数语，文章的作者就清晰地向你讲述了他的主题是什么，告诉了你关于主题的一些内容，并且激发了你的好奇心：歹徒是如何组织起来的。因此，有一点我们十分肯定：每一位致力于公共演讲的学员必须认真研究杂志作者们所使用和马上激发起读者兴趣的技巧，这比研究演说集能让你获得更多的东西，从而指导你如何开始一场演讲。

用故事做引子，让听众沉迷下去

我们尤为喜爱演讲者讲述自己亲身经历的故事，罗塞尔·肯沃尔的那篇《钻石天地》演讲次数逾六千次之多，为他赚取了百万家产。那么，它作为一篇脍炙人口的演讲是如何开头的呢？

1870年，我们沿着底格里斯河进发。在巴格达，我们雇了一位向导，这样，他可帮助我们找到颇塞波利斯、尼尼微和巴比伦……

很明显，在开头演讲者并未直入主题，他在讲一个故事，正是这个故事吸引了听众们的注意力。这种演讲开场的方式几乎是万无一失的。随着故事的发生、发展，听众也在不断思考下一步会发生什么事情。

下面是两个开首句，分别节选于同一本《星期六晚间邮报》里的两个故事中。

（1）尖锐的枪声打破了沉寂。

（2）七月份的第一个星期，多佛市的蒙特危石旅馆发生了一件似小非小的事情。这引起了其经理高贝尔的极大好奇，因此，他向该旅馆的所有者斯代夫·法拉第以及其他几家法拉第旅馆通告了这一情况，这时，距斯代夫仲夏巡视只有几天的时间了。

请注意这些开头语是怎么发挥其作用的。它们总是引发下文，激起你的好奇，让你因急于知道更多的内容而继续阅读，使你想把一切弄个清清楚楚。如果你能运用"以故事开头"这种技巧，并能由此激起听众的好奇心理，那么，即使你是一位没有什么经验的演讲新手，也同样可以成功地开始一个演讲。

我们再来看下面这段文字，玛丽·E.里奇蒙在纽约妇女选举社团的年会上所做的演说，时间发生在立法禁止儿童婚姻之前的数天，你一定会对其欣赏不已，但你能否讲出其中的原因呢？

昨天，当火车驶过离这不远处的一个城市时，我回忆起了几年以前发生在那里的一桩婚姻。正因为今天我们国家里有许多草率和不幸的婚姻恰似那桩婚姻一样，所以，在今天的演讲中，请允许我先把那桩婚姻的细节介绍给大家。

几年以前的12月12日，在那座城市里有一个正在读高中的15岁女孩，她邂逅了一个附近大学读一年级的男孩。三天后，也就是在12月15日这一天，他们假称女孩已然18岁，免除了需要父母的同意才能建立家庭的条件，领取了结婚证。离开了城市婚姻登记处后，他们立即去了一位神父那里（那个女孩是一位天主教徒）。然而，这位神父巧妙地拒绝了他们举办婚礼的要求。经由这位神父，女孩的母亲获悉了这一切,她立即去寻找自己的女儿。然而,在找到之前,她的女儿已和那个男孩由法律宣布而结成了夫妻。但他们在一家宾馆里居住了两天两夜后,男孩便抛弃了女孩,从此,他们再也没有生活在一起。

依我个人的观点来看,我非常欣赏这种开头方式。它的第一句话非常好,先向大家说明要述说一个有趣的往事,这自然使大家急切地想知晓其细节,于是,大家安静下来听演讲者讲述这个人物故事。除了这一点外,后续的语言还显得非常自然,并不沾有一丝学究气,也不严肃而庄重——"昨天,当火车驶过离这不远处的一个城市时,我回忆起几年以前发生在那里的一桩婚姻。"这听上去多么自然、多么富有人性啊,就如一个人在向另一个人讲述一则有趣的故事一样。作为一位听众,总是乐意听到这些,而对于过于追求形式、刻意准备的演说,听众则会从内心给予排斥。毕竟,我们需要朴实的艺术。

第四章

声音有磁性,你的讲话才能悦耳动人

好听的声音如悦耳的歌声一样,让人百听不厌;而难听的声音就如噪音一样,让人厌烦。声音作为演讲的重要组成部分,它的好坏也是影响演讲成功的因素。带有磁性的声音,会让听众更加乐于听讲,也能对讲话起到很好的渲染作用。因此,试着改善你的声音,你的演讲也会因此而更出色。

音量适中，听众才会觉得耳朵舒服

在演讲中，音量的高低对讲话的效果同样有着很大的影响。如果讲话者的声音太小，像蚊子嗡嗡声，听众不仅无法听清所讲的内容，更会对讲话者产生极大的反感；如果讲话者的声音太大，像拖拉机的响声一样，那就变成了让人难以忍受的噪音，听众会恨不得马上逃离现场。因此，讲话时一定要控制住自己的音量。用适中的音量讲话，听众才会乐于接受。

有些人天生嗓音大，有些人天生嗓音小，这是毋庸置疑的现实。事实上，天生就有完美嗓音的人极少，即便是歌唱家和主持人，也需要进行后天的训练，才能让自己的声音听起来那么悦耳。这也说明，音量的控制是能够通过训练来达成的。因此，想要成为一名成功的演讲者，就要努力学习和掌握控制音量的方法。

假如你正在一个非常安静的地方学习或工作，那你肯定不希望耳机中传来嘈杂的音乐，于是你就将音乐换成舒缓而轻柔的类型；假如你身处一个十分嘈杂的环境中，想要听清耳机中传来的音乐，就一定会把音量调大一些。实际上，演讲也是这个道理。对于讲话者来说，要根据不同的场合、不同的环境条件适当调整自己的音量，这样才能适应听众的需求，受到听众的欢迎。

先说说如何根据不同的场合来控制音量。假如你是在一个能够容纳数百人的大会议室里讲话，因为空间比较大，你就要适当提高音量，这样才能保证在场的人都能清晰地听到你讲的内容；假如你只是在一个小房间里对着几个人讲话，那就没有必要提高音量，只要像平时聊天那样的音量讲话就可以了。

再讲讲如何根据环境条件来控制音量。假如你是在公开场合讲话，因为环境相对嘈杂一些，这时就需要提高音量，以免讲话的声音被噪音覆盖；假如你是在一个封闭的环境中讲话，环境相对安静一些，这时就不需要太高的音量，以免变成噪音，引起听众反感。

还得谈谈如何根据听众的情况来控制音量。假如听众非常安静、懂得配合，那么讲话的音量就可以适当放低；假如听众交头接耳、窃窃私语，那就要适当提高音量，要让你的声音进入每个听众的耳朵里。

总之，音量高低的控制并非易事，这需要讲话者在各种环境及场合中不断的实践和锤炼。只有经过一次次的打磨之后，才能深刻体会到场合、环境及听众给演讲者带来的影响。每一次演讲之后，都应该对现场的情况进行总结，分析、研究多高的音量才是最合适的，是最受听众喜欢的。经过长期的学习和总结之后，我们一定能够掌握一套属于自己的经验和规律，真正做到在演讲的过程中随时调整音量，从而使讲话达到最佳效果。

掌控语速，讲话也可以成为跳动的音符

要学会塑造自己的讲话风格，你最好注意一下说话的速度——这非常具有实用价值。你可以通过这样的方法：把你说的话录下来，也可以请朋友给你指出来，当然，如果能让专家来给你指导就更好了。不过，这些都是没有说话对象的练习，跟实际说话完全不同。一旦站在人们面前，你就要将自己的全部精力投入到讲话之中，以引起对方的共鸣。

你肯定希望自己能够给人留下干练、明快的印象，那么，你就必须掌握好说话的节奏，这就是说话节奏的魅力所在。影响说话节奏的因素主要有两个：讲话的快慢和说话内容的简繁。如果你说话太快，以至于某些词语模糊不清，他人就会听不懂你所说的东西，而节奏太慢又会表现出你过于拖沓、过于迟钝。在语言交流中，讲话的快慢程度会影响你向对方传达信息。速度太快就如同音调过高一样，会给人以紧张和焦虑的感觉。

你尝试着说出下面一句话："今天我们要向大家介绍的就是我们公司的这款商品。"当你在说这句话的时候，你可以先用平缓略低的声音说到"公司的"这三个字为止，然后稍作停顿，热情地大声说出"这款商品！"利用这种技巧你一定能够收到意想不到的效果。

但是需要注意的一点是，如果你整篇说话或者大部分篇幅都刻意延缓某些词句的速度，以突出这些或另外一些内容（这根据你的音调来决定），反而会让人觉得非常厌烦，最终听众不堪忍受，如此便达不到你所预期的效果。

我们在说话中，需要明确这么一个说话的目的：社交语言要简洁、精练，并尽可能地承载更多和更有用的信息。这样才能使你的说话节奏明快，使听众觉得你果断、直接和对说话内容肯定。如果空话连篇、言之无物，你的说话节奏必然拖沓，并且似乎很犹豫，好像在回避什么东西似的。

知道了这一点，那么你就不难明白为什么有些人在表达自己观点的时候陈述得太多，而且持续的时间太长，结果遭到了彻底的失败。因此，为了使你说话不拖泥带水，你最好确保自己传递的信息简短、直接。为了达到这一点，你可以采用下面的方法来安排你需要表达的信息。

1. 表达的信息要直接

你需要尽快地直达主题，让对方更为直接地了解你所要表达的意思。这样你所要表达的信息才会听起来更加清晰明了。但是很多人却总喜欢旁敲侧击，殊不知，这种做法容易分散对方的注意力。

2. 用最简洁的词汇

对于你要陈述的重要观点，你需要记住这一点：词汇或句子越少越好。有这么一句老话可以很好地表达我的意思："我问你几点钟，你不用告诉我表的工作原理。"

话虽如此，但是事实却并不是这样。明明用少数词句就可以表达清楚的观点，很多人却总是喜欢用过多的词句，甚至堆砌故事、人物、数字来说明他的主题——你需要避免过多的修饰，否则只会损害你的表达。

3. 明确你的中心思想

你所说的话，也许存在多个主题，这样的结果是什么呢？这将使你和对方的精力都被分散。实际上，你要把一个主题讲得很透彻都十分困难，所以更不可能把每个主题都讲透。如果非得这样，那么每个主题你都只会浅尝辄止，因此跟对方讨论各种话题会影响你主要观点的表达。

此外，很多人喜欢注重细节的描述。这并没有错，但是你必须注意一个前提，即不能影响主题的表达。如果你把精力和时间都放在这些细节中，那么，你的信息重点就会不清晰。千万不要期待对方花费更多的努力、精力或时间来分析解读你的观点，大多数人都不愿意这么去做。所以，通过你的表达，让对方直接得到重要的信息，这才是最重要的。

说话有节奏，听众才听得尽兴

开过车的人都会发现，高速公路基本上不会是笔直的，而是有很多的转弯。也许有人会有疑问：修那么多弯路不是更浪费路程和资金吗，为什么这样修？其实原因很简单，总是在笔直的公路上开车，司机的注意力就会下降，会慢慢放松警惕，甚至昏昏欲睡。这对驾车安全是一种极大的隐患。

这个道理同样适用于演讲。一场没有节奏变化的讲话，就像一杯白开水一样，让人觉得寡淡无味，听众难免会走神，甚至瞌睡。这样一来，讲话的效果就会大打折扣。节奏的变化对讲话究竟有多大的影响，看看下面这个小故事就能窥见一斑了。

一次，一位法国的悲剧大师到中国进行访问学习。在为他举办的欢迎晚宴上，现场的嘉宾都请他进行一场即兴表演。悲剧大师欣然应允，开始用法语进行表演。他说话的节奏非常低缓，而且表情悲伤。这让那些不懂法语的嘉宾竟也深受触动，都觉得他在讲述一个十分凄惨的故事；那些懂得法语的嘉宾则表现得十分诧异，深深为其折服。

大师讲完之后，很多人都流下了伤心的泪水，并急于知道大师究竟讲了怎样一个故事。最后,悲剧大师的翻译为大家揭开了谜底:悲剧大师只是在念菜单而已,并没有什么所谓的悲惨故事。这个结果令在场的嘉宾大为吃惊,很多人都不敢相信自己的耳朵。

在这场即兴表演中,悲剧大师说话的节奏对现场的嘉宾们产生了很大的影响。通过语言节奏的变化和悲伤的表情,大师营造出一种悲伤的氛围,令那些不懂法语的嘉宾实实在在地被"欺骗"了一把。他们不懂大师讲的是什么内容,只是被大师有节奏的语言感动了而已。

通常情况下,常见的语言节奏有如下几种。

1. 高亢的节奏

这种节奏能够营造出威武雄壮的气势,产生极大的鼓动性。在叙述重大事件、宣传重要决定及讲述令人激动的事情时,可以使用这样的节奏。

2. 低沉的节奏

这种节奏营造出的是低沉而庄严的氛围,语速较慢,气氛压抑。在一些郑重的场合讲话或是讲述具有悲剧色彩的事件中使用。

3. 欢快的节奏

这种节奏比较常用,适合大众情感,听众比较容易接受。在日常交流、一般性的辩论中都可以使用。

4. 凝重的节奏

这种节奏介于高亢和低沉之间，声音和语速都比较适中。这种节奏要求每个字都读得很重，表现出一字千钧的沉重感，常用于发表议论。

5. 舒缓的节奏

这种节奏比较舒展、缓慢，营造出恬静、安闲的氛围。进行说明性的叙述及学术讨论时，可以使用这样的节奏。

6. 紧张的节奏

这种节奏语速比较快，带有紧迫感，能令听众保持注意力并带有紧张感。在汇报重要情况或是必须立刻澄清某些事实时，使用这种节奏，讲话效果会比较好。

每种讲话的节奏都有其各自适用的场合，作为一名优秀的演讲者，必须能够根据讲话的综合情况进行考量和选择。讲话的节奏是讲话的"节拍器"，只有正确运用它，才能达到讲话的效果和目的。

用重音突出重点，让信息传递更清晰

汉字历史悠久、博大精深，不仅有同音不同字、多音字等，在语言表达上也有重音和轻音的分别。

相信很多人都有这样的经历：给别人写张字条或是发条短信，有时对方会误解自己的意思。这主要是因为文字本身是不带感情色彩的，只有当文字从口中说出时，才能更好地体现讲话者的意思。在演讲时，通过正确的重音表达，才能更好地传递自己的观点。如果重音混乱，听众就会产生错误理解，甚至完全背离讲话者本来的意思。

苏联戏剧家斯坦尼斯拉夫斯基说过："重音就像人的食指，指示着节奏中或句子中最主要的词。"同样的一句话，当把重音放在不同的词语上时，就会传递出各自不同的意思。

李东坐火车到西藏去旅游。（强调是李东，而不是其他人）

李东坐**火车**到西藏去旅游。（强调乘坐的是火车，而不是其他交通工具）

李东坐火车到**西藏**去旅游。（强调目的地是西藏，而不是其他地方）

李东坐火车到西藏去**旅游**。（强调目的是去旅游，不是做其他事情）

从上面这个例子可以看出，在演讲时，我们将重音放在哪个词语上，意味着要强调的内容就是哪个词。然而，在实际运用的过程中，即便选定了重音，有时候也不一定能够把重点准确地表达出来。这就需要我们在平时多加积累，多加练习。

需要指出的是，所谓的重音，并不是简单地通过提高声音来进行强调。在演讲时，通过声音轻重、高低的变化，同样可以突出我们想要强调的重音。如"为了考上大学而奋斗"一句，除了"奋斗"外，其他字的读音都可以轻一些。

此外，通过声音的虚实变化，也能达到强调重音的目的。需要强调突出的重音用实声，其他部分则可以加入一些轻虚声。如说到"我强忍疼痛，微微笑了一下"一句，"疼痛"用实声，其余部分用轻虚声即可。

当然，无论怎样运用重音，首先需要保证的就是演讲的流畅性。千万不能让讲话断断续续，更不能为了加强重音而去刻意加强某些重音，否则只会适得其反，令听众听起来很不舒服，进而对演讲失去兴趣。

运用重音看似简单，实际上是一件很难的工作。想要恰当而准确地运用重音，一定要对文字和讲话有准确的理解。这就需要我们对讲话的内容进行深入的剖析，达到融会贯通的程度才行。

练习腹式呼吸,提升你的声音魅力

在我们自己讲话或是听别人讲话时,常常会发现这样一种情况:有些讲话者底气十足,声如洪钟,只用声音就能吸引很多听众;有些讲话者声音细小,即便用尽全力,声音依旧很小,就像嗓子里卡住了什么东西一样。

先不说这两类人讲话的内容是否具有吸引力,仅从音量上来说,前者就已经胜了后者一筹。想要在声音方面占据先机,运用腹式呼吸就是一个有效的方法。

通常情况下,人们常用的呼吸方式有两种:胸式呼吸和腹式呼吸。

对于大多数人来说,通常使用的都是胸式呼吸。与腹式呼吸相比,胸式呼吸仅仅需要胸部附近的肋骨运动即可,空气运行的距离较短,呼吸一次所需的时间也短,相对省力一些。但是,假如演讲或唱歌时用胸式呼吸来发音,喉外肌就很容易紧张,音域和声区都会受到影响,使得讲话者的声音变得低沉且不稳定。因此,在演讲的过程中,通常建议使用腹式呼吸法。

所谓的腹式呼吸法,并不是指用腹部进行呼吸,而是呼吸时感觉到腹部收紧,新鲜的空气被深深地吸到了腹中。腹式呼吸又有两种形式:顺呼吸和逆呼吸。在我们吸气时,腹肌稍稍扩张,空气缓缓进入腹部，呼气时腹肌则逐渐收紧，这就是顺呼吸；吸气时腹肌收紧，呼气时腹肌扩张，这就是逆呼吸。

运用腹式呼吸，呼吸比较深入，能够有效供给讲话者所需的气力，从而避免出现因底气不足而中断讲话的情况。这种呼吸方式和我们惯用的呼吸方式有很大不同，只有经过相应的练习之后才能掌握其技巧。

1. 要以"鼻吸口呼"的方式呼吸

吸气时，因为鼻子的口径较小，更容易深呼吸，而且能够缓慢地吸入腹部深处；呼气时，由于呼出的都是废气，不能在体内停留太长时间，所以用口呼出，这样能够加快呼吸循环的速度。

2. 练习的时间要有所保障

练习腹式呼吸时，一个呼吸循环的时间大约为12秒。计算方法是：吸气的过程需要3～5秒，中间屏息停顿1秒左右；呼气的过程同样需要3～5秒，呼气结束后，再屏息停顿1秒左右。按照这样的速度，每次要保证练习5分钟以上才行。

当然，这些练习时间只是大致的数据，由于每个人的体质和经验各不相同，所以在练习时可以根据自身条件进行适当的调整。总的原则只有一个：要尽力而为，但是不能超过自己的极限。只要每天进行一定的练习，不断提升腹式呼吸的能力，相信用不了多久你就能轻松自如地运用腹式呼吸，让自己变得底气十足、声音洪亮。再进行演讲时，就能拥有磁性十足的声音，让听众深深地喜欢上你。

修正音色，好嗓音是吸引听众的利器

每个人的嗓音条件不一样，音色也是千差万别。演讲时，假如你的嗓音非常尖锐，听众会觉得十分刺耳，很想捂住耳朵；假如你的嗓音非常沙哑，听众会觉得非常压抑，不愿意听下去；假如你的嗓音极低，听众必须支起耳朵来听，很快他们就会觉得疲惫……大多数人的嗓音都不尽如人意，多多少少会有一些瑕疵，这些瑕疵不仅使自己的表达受阻，也会对个人形象造成负面的影响。

每个演讲者都希望拥有优美流畅的声音，为了让自己的声音听起来更加圆润丰满，就应该掌握一些修正音色的方法，尽量消除声音上的瑕疵。

1. 尖音的修正

日常生活中，我们常常会听到尖厉的声音。尖音不仅非常刺耳，还会使女性显得尖酸刻薄，使男性显得缺少阳刚之气。为了修正尖音，可以参考以下几种方法。

（1）学习语音学。如果想彻底解决尖音的问题，就要从语音学方面入手，学会正确地发舌面音。通常情况下，舌面的硬腭前部是舌面音的发音部位。不过，由于舌面音不同，其发音方法也会有些差异。

（2）放松下巴。通常情况下，一个人的下巴越是紧张，发出尖厉的声音就越是明显。要修正尖音，说话的时候就须放松下巴，这样，舌头会非常自然地平放在嘴巴里，上下齿之间有一部分空隙，就不容易发出尖音了。

（3）保持语调平稳。有些人在日常沟通中很少发出尖音，可是一在众人面前演讲，常常会不知不觉地提高嗓音而发出尖音。对于这种情况，只要说话时尽量保持语调平稳就可以了。

2. 厚重音色的修正

有些人说话非常含混，无论说什么，嘴里都像含着东西一样，以至于别人根本听不清楚他在说什么。想要改善这种状况，就必须尽量张开自己的嘴巴，让声音顺畅地发出来。对于这种问题，可以通过朗诵诗歌、散文等方式加以修正。朗诵时要将语速放慢，尽量咬清每一个字。

3. 低声说话的修正

有些人说话非常小声，如果把手指放在他的喉咙上，甚至感觉不到任何的颤动。小声说话时，很多音节根本就发不出来，听众也就无法听到，讲话就会变得毫无生气，令人厌倦。要改善这种状况，就要将自己的胸腔扩展开，使声音在口腔中产生共鸣。这样，声音就会变得响亮而有力。

4. 语音单调的修正

一般情况下,声音是由12～20个音符的音节组成,可是有些人说话的音符构成十分简单,基本不会超过5个。这样的声音听起来十分单调,听众根本不会喜欢。如果存在这个问题,在平时讲话时可以尝试着多加入一些音符,让声音听起来灵动一些。

无论如何,想要让声音变得丰厚饱满,就要不断地进行刻苦练习。只有在平时多加注意,才能在演讲时呈现出良好的音色,为讲话注入更多灵动的色彩,让听众喜欢上你的声音,喜欢上你的讲话。

第五章
▽

带点幽默感，好氛围是杜绝冷场的关键
▽
▽

幽默具有巨大的力量，这一点在很多方面都已经得到了验证。一个幽默的人，总是能够给人带来欢声笑语；一个幽默的人，也更能获得他人的喜爱。在演讲中，适当融入一些幽默的元素，不仅可以增添你的魅力，而且会给听众带来无与伦比的享受。懂得幽默，你的演讲就不会冷场，成功就近在咫尺。

幽默感，彰显你的个人魅力

林语堂曾经说过："幽默是一种人生态度。"从某种意义上说，幽默已经成为人们生活中不可或缺的组成部分，对人们之间的交往起着十分重要的作用。

幽默是智慧的表现，是善意的传达，更是一种广阔的胸怀、高尚的境界。幽默能够推动人们迈上生活中一个又一个阶梯。

一个讲话风趣幽默的人，更能得到好人缘，受到听众的欢迎。在讲话中融入幽默，能使讲话变得更加富有哲理，能令听众更加乐意聆听，从而更好地达成讲话的目的。用幽默的方式赞扬某人，那人会十分开心地接受；用幽默的方式批评某人，那人也不会显得过于尴尬。让听众在欢笑中接受自己的种种观点，这是讲话者的能力，也能显现幽默的巨大魅力。

拥有了运用幽默的能力，也就掌握了展现魅力的钥匙。它会让讲话者周身闪耀着非同寻常的耀眼光芒，让听众不由自主地被这巨大的气场震慑，对讲话者产生由衷的敬佩和喜爱。

在运用幽默方面，美国前总统林肯就是一个颇具代表性的人物。

林肯具有十分出众的才能，但是他的长相不是很好。在林肯的

第五章 带点幽默感，好氛围是杜绝冷场的关键

竞选对手攻击他是两面派时，林肯就利用自己的相貌幽默了一番。

林肯驳斥道："假如我有另外一副面容，我怎么会以这样的相貌出现在大家面前呢？"

林肯用自嘲式的幽默回击了竞选对手，既表现了自己的自信，也体现了自己的大度。选民们深受触动，因此对林肯产生了更多的信任感。这为林肯赢得竞选的胜利打下了良好的基础。

在《现代汉语词典》上，"幽默"一词的定义是：有趣或可笑而意味深长。可见，幽默不仅仅有趣或可笑就行了，其关键在于意味深长。平庸或粗俗的玩笑只能令人发笑，并没有任何教育意义，这和幽默有着本质上的差别。

幽默是对讲话者知识储备的综合考量，需要讲话者具有丰富的知识、深厚的文化积淀。可以说，幽默是一种高超的才能。从这个角度上说，讲话者只有拥有了一定的知识储备，才能审时度势、灵活自如、字字珠玑地运用幽默，才能借助幽默向听众传达自己的思想，让听众感受到讲话的巨大力量。

幽默能够给人带来喜悦和欢乐，能够以喜悦的方式让听众获得精神上的快感；幽默是一种特殊的能力，能够增进讲话者和听众之间的关系；幽默能产生巨大的力量，讲话者运用得越多，越能使讲话产生震撼人心的作用。

幽默不仅仅适用于社交场合，在家庭生活和朋友交往中也能起到重要作用。它能帮助大家在事业上取得更大的成就，也能为家庭生活增添一些情趣，还能让大家得到朋友更多的支持。

幽默是一种极大的智慧，一句幽默的话就能化解尴尬，缓和紧张的氛围。在讲话中多运用一些幽默，不仅能迅速打开讲话的局面，还能令听众心情愉悦，将他们迅速带入讲话的情境之中。

当然，幽默应该是一种发自内心的爱，而不是攻击、嘲讽或是伤害。如果用幽默来责备别人、蔑视别人，最终的结果就是伤害了双方的感情。这种幽默没有任何可取之处，只会令讲话者显得空洞而乏味。

真正的幽默要在庄严和风趣之间达到适当的平衡，而且要演讲者脱掉虚伪的外衣，远离肤浅的认知，以真诚的态度面对所有听众。这样的幽默才是拥有正能量的幽默，才能让讲话者完美而深刻地展现幽默的力量，在幽默中散发与众不同的个人魅力。

得体的幽默，瞬间俘获听众的好感

获得听众的好感是讲话成功的关键之一，而幽默是获得听众好感的最有效的方法。在一般情况下，人们都愿意与幽默的人交往。在严肃的讲话过程中加上幽默生动的语言，会让人觉得你热情亲切，场面也会变得轻松宜人，你也更加容易得到别人的青睐。

保罗·纽曼是美国著名的影星，他凭借精湛的演技与叛逆的形象，使自己成为好莱坞最受瞩目的男演员。

1982年，保罗·纽曼为了祝贺纽约布鲁克林大学新设电影系，特地访问该校，主持了新年电影《恶意的缺席》的试映会，并参加了学生的座谈。

突然，现场有一位学生愤愤不平地说："我从收音机上听到这个电影的广告，播音员说最后一场是拼死拼活的战争场面，可是实际上片尾非常和平，像这种虚假的广告实在是欺骗影迷的行为。"

这位学生的态度实在是不能用友善来形容，现场的气氛变得极为紧张。保罗·纽曼回答说："我完全不知道广播电台的广告内容。"顿了一下，他接着说："不过下次的片尾一定会出现激烈的射杀场面。镜头上出现的是，我用枪打死了那个播音员。"

他幽默的回答引起哄堂大笑，不但化解了紧张的气氛，还赢得了更多影迷的爱戴。

如果我们想在社交活动中给人留下一个良好的形象，就必须运用幽默。一个幽默的你，会把别人吸入你的幽默磁场，大家在一起笑的时候，会让人觉得醇香扑鼻，隽永甜美。

幽默的好处可是数不胜数，但是，玩笑开得不好，幽默过了头则会适得其反，伤害感情，因此开玩笑要掌握好分寸，幽默要遵循得体原则。

1. 内容高雅

幽默的内容取决于幽默者的思想情趣与文化修养。幽默内容粗俗或者不雅，虽有时也能博人一笑，但过后就会变得乏味。而内容健康、格调高雅的玩笑所产生的幽默，不仅能给对方启迪和精神享受，而且也是对自己美好形象的有力塑造。

2. 态度友善

对人友善是做人的一个原则，也是幽默的一个标准。一般来讲，幽默的过程，是感情互相交流传递的过程，如果借着开玩笑对别人冷嘲热讽，发泄内心厌恶、不满的感情，那么这种玩笑就无法称得上幽默。

也许有些人不如你口齿伶俐，表面上你占到上风，但别人会认为你不会尊重他人，从而不愿与你交往。

3. 区别对象

生活中每个人的身份、性格、心情不同，对玩笑的承受能力也不同。同样一个玩笑，能对甲开，不一定能对乙开，能对乙开，也不一定能对甲开。

一般来说，晚辈不宜同前辈开玩笑；下级不宜同上级开玩笑；男性不宜同女性开玩笑。在同辈人之间开玩笑，则要掌握对方的性格特征与情绪信息。对方性格外向，能宽容忍耐，玩笑稍微过大也能得到谅解。对方性格内向，喜欢琢磨言外之意，开玩笑就应慎重。尽管对方平时生性开朗，假如恰好碰上不愉快或伤心之事，就不能随便与之开玩笑。相反，对方性格内向，但正好喜事临门，此时与他开个玩笑，幽默的氛围会一下突现出来，效果也会出乎意料的好。

4. 分清场合

一次，美国总统里根在国会开会前，为了试试麦克风是否好使，张口便说："先生们请注意，五分钟之后，我们将对苏联进行轰炸。"一语既出众皆哗然。里根在不恰当的场合、时间里，开了一个极为荒唐的玩笑。为此，苏联政府提出了强烈抗议。

总的来说，幽默要注意场合，在庄重严肃的场合不宜开玩笑。

幽默的话语是缓解尴尬场的一剂良药

无论是处在风云多变的国际外交舞台，还是处在瞬息万变的经济谈判场合，只要我们能运用一些幽默生动的语言，往往会收到出奇制胜的效果，令对手大为叹服。

里根就任总统后第一次对加拿大访问期间，遇到了反美示威游行，示威人群不时地打断这位总统的讲话。这时，里根面带笑容地对陪同他的加拿大总理皮埃尔·特鲁多说："这种事在美国时有发生。我想这些人一定是特意从美国来到贵国的，他们想使我有一种宾至如归的感觉。"紧皱双眉的特鲁多顿时眉开眼笑了。

里根以幽默的语言，免去双方陷入尴尬的境地，为特鲁多消除了烦恼，让彼此的交流又恢复了和谐的气氛。

幽默是良好的修养，是充满魅力的语言，可以让你在各种社交场合中更受他人欢迎。幽默的语言可以缓和紧张的气氛，避免许多不必要的冲突。

炎炎烈日下，一辆载满乘客的公交车正在路上行驶。车内，一

第五章　带点幽默感，好氛围是杜绝冷场的关键

个年轻人在喝冷饮时一不小心将饮料溅到了旁边男士的脸上。

一下子大家认为争吵将马上开始。被饮料溅到的那位男士的女友，一边掏出手帕给他擦脸，一边狠狠地瞪着那个喝饮料的人。不料，男士却笑着对女友说："你等一下，先别擦，他还没有喝完，一会儿可能还会溅过来。"

他的话很幽默，旁边的人听了都笑出声来。那位惹祸的年轻人也尴尬地笑了起来，并再三道歉。

幽默的力量不容小觑，一些小幽默、一则小故事、一段小品文、一句警句或妙语，往往可以扭转乾坤，让人心甘情愿地去做原本不想做的事情，接受原本不想接受的东西。而当我们自身用轻松的态度看自己，用严肃的态度来面对人生的时候，我们也就肯定了自己存在的价值！

善用修辞，增强幽默的力量

说起常用的修辞手法，相信大多数人都能举出几个例子来，如比喻、拟人、夸张、排比、象征、双关、类比等。下面就简单分析几种常见的修辞手法是如何展现幽默的魅力的。

1. 夸张的修辞手法

夸张是指为了启发听者或读者的想象力和加强所说的话的力量，用夸大的词句来形容事物的修辞手法。

随着乌克兰事件的发酵，欧美持续加强对俄罗斯的制裁，这使得俄罗斯的物价不断上涨，卢布不断贬值。对此，俄罗斯人抨击道：

"朋友们，大家都知道，最近一段时间，当大家站在超市的肉食柜台前，肯定会发现，吃钞票比吃牛肉便宜多了。大家还记得曾经我们认为没有任何一种东西能够替代卢布吗？但是现在，因为那些外国人，卢布真的几乎代替不了什么了！"

在这段言论中，讲话者用夸张的手法阐述了卢布的贬值，表现出对"那些外国人"的调侃态度。借助夸张的修辞手法，在幽默中表达观点，令人感觉轻松而乐于接受。

2. 比喻的修辞手法

比喻是指用跟甲事物有相似点的乙事物来描写或说明甲事物，以便表达得更加生动鲜明的修辞手法。

新东方教育集团董事长俞敏洪曾经说过："学英语好比学鸟叫。你在树林里学鸟叫，当有四只鸟落在你肩上时，说明你过了英语四级；当有六只鸟落在你肩上时，说明你过了英语六级；当有许多鸟落在你肩上时，说明你成了鸟人。"

俞敏洪将学习英语比喻成学鸟叫，能与你沟通的"鸟"越多，说明你的英语水平越高，一旦成了"鸟人"，就能毫无障碍地用英语与别人交流了。通过这个生动的比喻，俞敏洪既表现出自己的幽默细胞，也展现出幽默的巨大力量。

3. 拟人的修辞手法

拟人是指将事物人格化，为事物赋予人的性格等，使事物变得富有生气。

五代十国时期，吴国有一个名叫申渐高的人，他生性诙谐幽默，善于吹笛子。有一年，全国遭受大旱，颗粒无收，老百姓生活窘迫，但是还被要求按时交税。为此，申渐高非常焦虑。

一天,皇帝在御花园举办宴会,申渐高则在宴会上表演才艺。突然,京城近郊下起雨来。皇帝感觉非常纳闷:"京城近郊都下雨了,京城怎么不下雨呢?"听到这话,申渐高大声说道:"也许是因为雨也怕交税吧!"听了申渐高的话,皇帝情不自禁地笑了起来,于是下令免除了人民的苛捐杂税。

申渐高运用拟人的修辞手法,赋予了雨水人类的思想。通过这种方式,皇帝非常开心地接受了申渐高的建议,体现了幽默的力量。

4. 双关的修辞手法

双关是指用词造句时表面上是一个意思,而暗中隐藏着另外一个意思。

有一次,国画大师张大千参加了他的弟子为他举行的送行宴会,受邀前来的都是各界名流。大家入座之后,都显得有些拘束。

鉴于这种情况,张大千率先起身,端起酒杯来到了京剧大师梅兰芳的面前,说:"梅先生,您是个君子,我不过是个小人,这杯酒我先敬您!"说完一饮而尽。

在座的宾客都很惊讶,梅兰芳也无法理解张大千的话是什么意思,于是问道:"这话什么意思?"

张大千笑着答道:"您是唱戏的,动口,您当然就是君子啦;我是画画的,动手,我不就是小人嘛!"

听完张大千的话后,所有的宾客都笑了起来。由于这个小小的插曲,宴会的氛围立刻变得轻松起来。

张大千关于"君子"和"小人"的论述源自"君子动口不动手,小人动手不动口"这句俗语,借用其词,未用其意,从中可见张大千深厚的知识底蕴和幽默的性格特征。

演讲中用修辞手法来表现幽默,能让听众更加容易接受。尤其在一些篇幅较长或是比较难懂的演讲中,适当运用一些修辞手法,不仅能帮助听众理解讲话的内容,更能让听众感受到快乐。这样一来,听众会更加乐于听讲,也会对讲话者产生更多的好感。

不过修辞手法多种多样,在运用的时候,应当进行筛选。选择一种最适合的手法,能更加全面而完美地展现幽默的魅力,增加讲话的吸引力。

成为幽默高手的 N 种方法

前文提到的张大千与梅兰芳的故事中,张大千的话听上去好像是自贬,然而"醉翁之意不在酒",实则既表现了其豁达的胸怀和幽默的口才,又营造了欢乐祥和的聚会气氛。

幽默给人以从容不迫的气度。讲话者不必为自己的言语贫乏而烦恼,掌握下列幽默方法,你也可以成为幽默专家。

1. 制造悬念

当你叙述某件趣事的时候,不要急于显示结果,应当沉住气,要以独具特色的语气和带有戏剧性的情节显示幽默的力量,在最关键的一句话说出之前,应当给听众造成一种悬念。假如你迫不及待地把结果讲出来,或是通过表情与动作的变化显示出来,幽默便失去效力,只能让人扫兴。

2. 谐音误解

这种技巧是指对某些具有同音或近音的汉字进行误解。

小品《昨天 今天 明天》中有这样一句经典台词:"秋波就是秋

天的菠菜。"

这里，就是利用了"波"和"菠"具有相同的读音，运用谐音而产生了极大的幽默效果。

3. 自相矛盾

这种技巧就是通过前后矛盾的话语或行为来表现幽默。

有一次，美国国会通过了一项极为荒谬的法案。马克·吐温对此十分气愤，于是在报纸上登了一条告示："国会议员中有一半是混蛋！"

告示登出之后，很多国会议员向马克·吐温表示抗议，让他第二天修改告示。于是，在第二天的报纸上出现了这样一条告示："国会议员中有一半不是混蛋！"

前后两个告示看似相互矛盾，实则更加强烈地表达了马克·吐温的气愤之情，从中也体现出马克·吐温极强的幽默感，让人顿生笑意。

4. 正话反说

这种技巧是指讲话者刻意用某些话语来表达与本意相反的意思。

柳波的烟瘾很大，家人都为他的健康状况感到担忧。柳波也很想戒烟，可是一直没能成功，经过几番努力之后，他有些灰心丧气，打算放弃戒烟。

一天，柳波去朋友家拜访，希望朋友给他一些建议。进屋刚坐下，柳波就自然而然地拿出烟来，准备点上。看到这种情况，朋友立刻说道：

"你知道吗，柳波？我听人说抽烟有不少好处呢！"

"是吗？说来听听！"柳波的眼睛中充满了期待。

"第一个好处是省衣服，抽烟的人身上烟味那么大，几天不换衣服也不怕被人闻见汗臭味；第二个好处是防蚊虫，烟味那么冲，把蚊虫都给熏晕了，它们都得躲得远远的；第三个好处，也是最大的好处，那就是能防小偷。你想啊，有些抽烟的人经常是不分昼夜地咳嗽，小偷以为他没睡呢，还怎么敢偷东西呢？"说完，朋友哈哈大笑起来。

听了朋友的这番话，柳波感觉非常羞愧，他不好意思地放下手中的烟，暗暗发誓一定要把烟戒掉。

朋友没有直接劝诫柳波，而是用正话反说的方式，借助幽默的语言给柳波上了一课。这样一来，柳波不但不会尴尬或反感，反而会以一种开朗的心态接受朋友的建议。

5. 利用身体态势

当你说笑话时，每一次停顿，每一种特殊的语调，每一个相应的表情、手势和身体姿态，都应当有助于幽默力量的发挥，使他们成为幽默的标点。重要的词语应加以强调，利用重音和停顿等以声传意的技巧来促进听众的思考，加深听众的印象。

6. 幽默要合时宜

不管你肚子里堆满了多少可乐的笑话和俏皮的语言，你都不能为了体现你的幽默之处，而不加选择的一个劲儿地倒出来。语言的滑稽风趣，一定要根据具体对象、具体情况和具体语境来加以运用，而不能使说出的话不合时宜。否则，不但收不到谈话所应有的效果，反而会招来麻烦，甚至会伤害对方的感情，引起事端。

因此，如果你现在有一个笑话，不管它有多么风趣，但是，如果它有可能会触及对方的某些隐痛或缺陷，那么，你还是做一下努力，把它咽到肚子里去，不说出为好。

7. 不要幽默过了头

有些人在做说服别人的工作时，运用幽默过多，常常是笑话接笑话，连篇累牍，就像连珠炮一样。这样一来，谈话内容往往会脱离主题，难以实现说服别人的目的。对方听起来，也会感到云山雾罩，不知道你究竟要说什么，甚至认为你在向他展示幽默才能。

8. 不要未言先笑

最不受欢迎的幽默，就是在讲什么笑话之前和讲的过程中，或是刚讲时，自己就先大笑起来。自己先笑，只能把幽默给吞没了。

最好的幽默方式是让听众笑,自己不笑或微笑。这就是说你要采取"一本正经"的表情和"引入圈套"的手法,才是发挥幽默力量的正确途径。

9. 妙语结尾

在每次讲话结束的时候,最好能激发全体听众发自内心的笑容。你不妨试一试,用风趣的口吻讲一个小故事或说一两句俏皮话、双关语或是幽默的祝愿词,这些都是很妙的结尾。总之,你要设法在听众的笑声中说"再见",让你的听众面带笑容和满意之情离开会场。

上述幽默技巧只是幽默方式的一部分而已,还有自嘲、歪曲事实等很多种方式的幽默,都可以在演讲中加以运用。掌握一些常用的幽默方式,能为演讲增添很多魅力,达到吸引听众注意力的目的,讲话的效果也会变得更好。

第六章

▽

敢于脱稿演讲，和听众说说心里话

▽
▽

很多人都想随心所欲地表达自己的观点，可是当站在大家面前时又会不知所措。其实，从某种意义上说，脱稿讲话不仅是一种令人称羡的技能，更是一门颇具内涵的艺术。如果你能够做到脱稿讲话，往往会受到大家的赞赏和崇敬。那么，如何做到脱稿讲话呢？找到症结所在，脱稿就不再是遥不可及的梦。

扔掉讲稿,来一次热情澎湃的演讲

当一个人拿着讲稿走上讲台时,听众的第一反应会是什么呢?仔细琢磨一下,"这个人讲话很无聊""这个人没水平"之类的贬性意见会占很大的比例。有了这样的第一印象,听众就很难对讲话的内容提起兴趣,自然也就不会对讲话者做出积极的反馈,双方之间的交流效果也会受到很大影响。

听众会产生不好的第一印象,这并不奇怪。因为很多拿着讲稿的讲话者,走上讲台之后只会低头念稿,完全沉浸在自己的世界里,根本就不注意听众的反应,也不与听众进行思想交流。面对一个只会念稿的"机器人",谁又有听讲的心情呢?

要知道,讲话的一个极大功用便是交流。通过语言的交流,人们可以共享资源,可以传递信息。如果只是讲话者在前面讲,而听众没有任何的回应和反馈,那讲话的意义必然大打折扣。为了与听众更好地沟通,得到更好的交流效果,讲话者完全可以试着将讲稿扔掉,进行一场热情澎湃的脱稿讲话。

在足球决赛开始之前,主教练在球员们面前进行了一次讲话:

伙计们,我们马上就要走上球场了,为了冠军的荣誉和对手尽力一搏，你们想不想赢？（球员们答："想赢！"）

从小组赛开始，我们就不被看好，但是我们一场一场地拼了下来。八分之一决赛，四分之一决赛，半决赛，我们始终不被看好，可是我们用场上的表现证明了自己的实力。如今，决赛在即，依然有很多人认为我们能进决赛是因为运气好，在决赛中会被对手狂踩。这种说法让我很不服气，你们觉得呢？（球员们答："不服！"）

我认为我们是有实力的，我们能够战胜任何一个对手。只要我们有足够的勇气、足够的信心，就一定能获得最终的胜利！（稍稍停顿了一下）我们的对手确实很强大，但是他们也不是无懈可击的，他们的战术和需要关注的球员，我已经在准备会上讲过了。希望大家提高警惕，以最好的精神面貌和战术素养来迎接这场比赛。大家有没有信心？（球员们答："有！"）大声回答我！有没有信心？（球员们答："有！"）

好了，让我们走上球场，用实际行动向那些看低我们的人证明：我们配得上这个冠军！最后的冠军一定是属于我们的！加油！（球员们一起高喊："加油！"）

在这段简短的讲话中，主教练通过提问带动并激发球员的情绪，让所有人都激情澎湃，更好地团结起来。面对强大的对手和不被看好的局面，首先要有必胜的信念和强大的自信心作为支撑，这样才能更好地发挥水平，争取最好的结果。从整体来看，虽然主教练和球员们的交流非常简单，但是已经很好地达到了讲话的目的。试想一下，如果主教练手中拿着讲稿，对着队员们进行长篇大论的演讲，效果能有这么好吗？

脱稿讲话的时候，讲话者不会因为看稿子而分散注意力，也就有了更多的精力和时间来和听众进行交流。这样，不仅增加了听众的积极性和主动性，也为讲话者拓展了讲话的话题和空间。话题多了，交流的内容自然就会变得多起来。经过这样的良性循环，便能达成交流的目的。脱稿讲话的优点显露无遗。

另外，不拿讲稿走上讲台，会给讲话者某种心理暗示，增加讲话者的自信心，如此一来，讲话者就会更加从容、镇定，更能随心所欲地与听众进行交流，提高交流的整体效果。

总之，无论是脱稿讲话者给听众的外部感受，还是讲话者自己内心的感受，脱稿讲话都对讲话者和听众的交流有益无害，是一种十分有效的讲话方式。

自信，成就魅力脱稿演讲的必备素质

在生活中，有很多人都渴望可以脱稿讲话，都希望能够站在讲台中央，成为最受瞩目的焦点。但是出于一些原因，很多人对脱稿讲话充满了恐惧感，甚至连尝试脱稿讲话的勇气都没有。这就使得脱稿讲话几乎成为一种可望而不可即的奢望。

实际上，在准备进行公开场合的脱稿讲话时，每个人都会或多或少地产生一些不利于讲话的情绪。这些情绪对讲话者所造成的种种影响，很多人都深有体会。实际上，无论不良的情绪是紧张还是恐惧，其基本根源都在于对自己的不自信。

面对台下众多的听众，几乎每个讲话者心中都会产生种种顾虑："如果今天没讲好，大家会不会看不起我？""假如我忘词了，大家一定会笑话我的吧。""要是讲不好，那可真是太丢人了。""那两个人在窃窃私语，是不是我哪里说错了？"讲话者心里会产生这些顾虑，与讲话者所处的环境及其心理状态有直接关系，属于正常的心理反应。但是，讲话者并不能因为不良情绪的出现或是那些所谓的顾虑就闭口不言或拒绝去做任何的尝试和练习。

古希腊演说家德摩斯梯尼在少年时期有中度的口吃，他的发声器官也发生了某些病变，声音听起来非常嘶哑，这让他说话的时候稍稍有些气短，而且他还有耸肩的毛病。尽管身体条件如此不好，但他的梦想却是成为一名演说家。

在大多数人眼里，这简直是痴人说梦，根本没有实现的可能。面对众人的质疑和奚落，德摩斯梯尼并没有失去信心，更没有放弃自己的梦想，他以常人难以想象的毅力，付出了巨大的努力，每天都进行万分刻苦的练习。

他阅读了很多书籍，积累下丰富的知识，为演说打下了坚实的基础。同时，他谦虚地向著名的演说家求教，向他们学习正确的发声方法及演讲的技巧。

为了锻炼自己的嗓音，德摩斯梯尼对着大海大声说，对着大山用力喊；为了矫正口吃的毛病，他嘴里含着小石头朗诵；为了增加气息，他一边爬山一边吟诗；为了改掉耸肩的毛病，他每次练习演讲的时候都在肩膀上方挂两把锋利的剑；为了节约时间，进行更多的练习，他剃了一个阴阳头，减少出门的次数；为了克服身上的种种缺点，他在家里装了一面很大的镜子，常常对着镜子练习演讲。

经过很多年坚持不懈的努力之后，德摩斯梯尼终于成了一个才华横溢的演说家，一位颇受尊重的著名人物。他用实际行动改变了最初给人留下的印象，不仅获得了难以想象的巨大成就，也成为人生的大赢家。

从德摩斯梯尼身上可以看出，脱稿讲话并不像某些人想象的那么深奥和难以掌握，只要相信自己，敢于不断尝试，勇敢面对失败，经过一次次的努力、实践、总结之后，任何人都有成功的可能。

在初始阶段，我们可以先对着镜子练习；在发音、动作基本没有问题之后，便可以在自己的家人或朋友面前进行实践，逐渐提高脱稿讲话的能力和水平；经过一段时间的锻炼，克服了心理的不利情绪之后，就可以走上更大的舞台，充分展现自己的脱稿讲话能力，并最终变成一个充满魅力的脱稿讲话者。

在循序渐进的练习过程中，随着经验、知识、临场应变能力等方面的逐步提升，讲话者的自信心会变得越来越足，脱稿讲话的综合能力也会变得越来越强。最终，脱稿讲话会变成一件轻而易举的事情，讲话者的魅力也会得到很大程度的提升。

总之，无论讲话者的自身条件如何，只要敢于脱离讲稿，敢于进行尝试，这本身就是一种自信的表现。敢于进行脱稿讲话的人，必定是自信的人，也必然会成为受欢迎的人。只要迈出脱稿这一步，成功的脱稿讲话便近在眼前。

有学识,你才能侃侃而谈

脱稿讲话是对一个人综合素质的检验,除了心理、技巧、能力等方面的准备之外,知识储备也是一个十分重要的组成部分。不过,相较心理和技巧而言,知识的积累是一个更加漫长的过程。

如果想让自己的讲话精彩绝伦,那就必须在讲话中融入一些真材实料,让听众切实从讲话中得到益处才行。可以说,古今中外的演说大家,个个都学富五车、文化底蕴深厚。他们在讲话的过程中引经据典、旁征博引,令听众深陷其中而无法自拔,这样的讲话怎么会不受欢迎?

能在讲话中融入精彩绝伦的故事,能够做到妙语连珠、字字珠玑,并非因为演说大家们都具有超人的天赋,而是因为他们博览群书、刻苦学习,所以积累下了丰富的知识,从而为演讲奠定了坚实的知识基础。

俄罗斯政治家梅德韦杰夫到中国进行访问时,曾经在北京大学进行了精彩的演讲。在演讲的过程中,他多次引用中国传统文化名句,以此来证明自己的观点。比如,他说:"中国有句古话,'长江后浪推前浪,世上新人换旧人'。高等学府培养出一代代的学者和思想家,他们肩负着在科学、经济、政治、文化等领域创造新成就的责任……"

在这次演讲中,梅德韦杰夫还引用了《论语》中的"学而时习之,不亦说乎"以及老子说的"使我介然有知,行于大道,唯施是畏"等文化名句。他能够巧妙而准确地引经据典,不仅表现出他对中国传统文化深深的喜爱,更传达出愿与中国人民友好相处的美好愿望,令现场响起了经久不息的掌声。

梅德韦杰夫的脱稿讲话可谓精彩绝伦,给听众留下了极为深刻的印象。他敢于脱稿,能够脱稿,说明他对自己的知识储备信心十足,他相信自己可以凭借丰富的知识赢得听众的喝彩。

在准备脱稿讲话时,渊博的知识能为讲话者提供更多的话题。假如讲话者能够掌握各个方面的知识,无论谈到什么话题都能对答如流,那么听众无疑会从心底佩服讲话者的知识渊博,讲话者的形象也会变得光辉起来。

只有知识渊博的人,才能在讲话中运用各种方式来诠释语言的魅力;只有知识渊博的人,才能对事物蕴含的道理有更加深刻的认知;只有知识渊博的人,才能更加准确、得体地表达自己所要传播的信息。想要进行一场精彩的脱稿讲话,就应该努力学习各方面的知识,让自己变成一个见多识广的全才。

知识的积累,源于生活的各个方面。其中,读书是最常见的方式之一。俗话说:"熟读唐诗三百首,不会作诗也会吟。"经过长期的阅读和积累之后,书中的知识会融入读者的智慧之中,使得读者的思路更加开阔。到了一定程度，只要谈及相关的话题，讲话者头脑中的知识就会像播放电影一样不断地浮现出来。这样一来，即便没有讲稿，他也能滔滔不绝地讲下去。

除了读书之外，社会也是我们学习的大课堂，各种各样的人和事，都值得我们细细品味、思考，进而总结经验教训。通过一次次的锻炼和学习，我们才能逐渐积淀出更加有用的知识和经验。

总之，脱稿讲话需要渊博的知识作为强力支撑，这样才能呈现出更加耀眼的光芒。反过来说，那些能够进行脱稿讲话的人，其知识储备必然是令人刮目相看的。

把握好节奏，别让脱稿成为"拖"稿

日常生活中，我们都有这样的经历：在讲话的时候，越是想把话说快、说清楚，反而越是说得一塌糊涂、词不达意。更奇怪的是，越是讲到我们熟悉的内容，越可能出现这种情况。

原因其实很简单，是我们心态的变化在作怪。

面对比较熟悉的内容时，我们感觉讲话的难度不大，于是想要尽快讲完，一来能够表现自己的熟练程度，二来能够节约时间。殊不知，这细微的思想变化打乱了之前的讲话节奏，大脑和嘴出现了步调不一致的情况。因此，大脑出现了短暂的混乱，表达方式也受到了影响。

在一次年终总结会上，张磊坐在台下，边听同事们发言，边练习自己的讲话。随着会议的不断深入，代表们的发言也变得越发精彩。这时，坐在台下的张磊开始着急起来，他觉得同事们的发言都流利而顺畅，相比之下，自己的语速似乎有些慢了。

终于轮到张磊上台讲话了，他快步走上讲台，开始以比练习时要快的语速发言。然而，仅仅几句之后，张磊讲话的节奏就有些失控了，他的思维有些混乱，很多内容和自己练习时有了不少出入。

张磊突然意识到，如果按照这样的速度讲下去，自己恐怕都没法完整地把话讲完。于是，他稍稍放慢了语速，重回自己练习时的语速。

找到熟悉的节奏之后，张磊变得轻松自如起来，语速虽然不如之前那样快，但是整个讲话过程把控得非常完美，最终在掌声中结束了自己的发言。

为了追求速度，张磊打乱了自己原有的节奏，使得讲话脱离了预定的框架，超出了自己的控制范围。值得庆幸的是，他及时进行了调整，终于找回了习惯的节奏，让讲话获得了成功。

在实际讲话中，一旦你觉得讲话的节奏受到了影响，必须及时进行调整。只有在自己熟悉的节奏中，才能更好地发挥水平，获得更好的讲话效果。

如果出现节奏混乱的情况，一定要稳住心态，不慌不忙。一旦自乱阵脚，就会出现更大的纰漏和问题。你可以试着调整呼吸，使心态放松下来；或是和听众进行一些互动，借助交流的间隙找回节奏；也可以直接向听众说明情况，暂停讲话来重新调整。

所有的补救措施都是为了讲话能够更加顺利和精彩，这是讲话者和听众的共同期待。所以，即便出现需要暂停的情况，也没有什么大不了的。毕竟能够站在台上脱稿讲话，就已经很受大家的赞赏和尊重了。

总之，节奏乱了并不可怕，保持镇定，就一定可以调整过来。只要自己不去刻意求快，不打乱自己的节奏就好了。

第七章
▽
即兴发言，用激情和智慧征服听众的心
▽
▽

即兴发言与脱稿演讲不一样，它是在没有准备的情况下进行的，需要具备快速的反应、语言组织能力等。生活中，很多时候我们都会面临即兴发言，比如会议发言，讨论意见等。如何才能在没有准备的情况下，让自己的发言深受听众的认可和喜爱呢。不妨来学习一下本章有关的技巧吧，相信对你会有一定的帮助。

即兴发言的 3 种讲话形式

当众即兴讲话作为一个紧张而又复杂的语言表达过程,要想很好地掌握,是非常困难的。它与一个人的思想、思维、生活、阅历、知识、口才等诸多因素有直接关系。但是,即兴讲话作为领导工作中经常使用的一种讲话形式,并不是高深莫测无法掌握的,其实也有一定的技巧和规律。只要认真学习,勤奋锻炼,当众即兴讲话的水平肯定会有较大提高。当众即兴讲话的形式大致有以下几种。

1. 表现式当众即兴讲话

表现式讲话,是指讲话者通过讲话来展示个人才华,表达个人意愿,谋求实现个人理想和抱负的讲话,是向听众推销自我,以得到听众赞赏和认同的讲话。表现式当众即兴讲话应注意以下几点。

第一,开篇要新颖别致。良好的开篇是当众即兴讲话成功的重要前提。开篇应以新颖引人为宜。讲话新颖别致,才能吸引人、打动人,才能收到受人瞩目的效果。

第二,自我介绍要有针对性。当众即兴讲话的目的在于使听众对讲话者有充分的了解和认识,从而鉴别讲话者是否胜任该岗位。

因此，讲话者须自我介绍学历、经历、政治素质、业务能力，引导听众自然而然地推论出此岗位非讲话者莫属的结论来。

讲话中，凡是相关的学历、经历、能力及个性特征都要介绍，而且要言之有物，最好以曾经获得的殊荣、奖励等加以证明。

第三，目标要有感召力。工作目标与措施是表现当众即兴讲话的重要内容，是获得听众的信任和支持的重要前提。讲话者必须围绕听众关注的热点、难点，提出明确的工作目标和切实可行的措施，力求达到客观性、可行性和先进性的统一，做到言必出，行必果，目标高低适度，措施科学适宜，以增强当众讲话的感召力和聚合力。

例如，在一位工会主席竞聘者的工作目标和措施中有一条是："把工会办成真正的职工之家，做到每周放映一场电影，举办一次舞会，丰富职工的业余文化生活；主要节日发放鸡龟肉蛋等农副产品，丰富职工的菜篮子，使全体职工的生活欢乐、富足、祥和。"

如此看得见，摸得着，极富诱惑力的美好前景的描述，识民意，顺民心，拥戴者自然就多。

第四，表述要富有幽默感。在作当众即兴讲话时，适时融入幽默的语句，易于赢得观众的欢笑与好感；诙谐的真话笑说，比庄重严肃的表白更容易深入人心。

例如，巧借名字尽情发挥，假如你的名字叫张三，你就可以这样说："我将继续发扬张三一不怕苦，二不怕死的精神，努力工作，并祝大家身体健康，祝张三竞聘成功！"这句即兴讲话不但含蓄，而且极具幽默感，自然而然地拉到了选票。

第五，缺点要点到为止。讲话中主要是展示自身优势，从而赢得人们的信任和支持。如果缺点毛病介绍过多过细，无形中就损害了讲话者在听众心中的形象。因此，在当众讲话时，缺点要点到为止。

例如，一位竞聘处长的讲话者自述了自己的优势之后言明："我也深知我还有不适合这份工作的另一面，但是有了在座各位的支持和配合，我有信心做好工作。"讲话言简意赅，既承认有不足，又含而不露，恰到好处。

2. 表白式当众即兴讲话

第一，袒露自我。袒露自我即讲话者必须要同听众坦诚相见，推心置腹，以诚换诚。

江西丰城县志主编金达迈在作当众即兴讲话时讲道："历来修志，注重主编身份，或状元，或进士，或举人，可我却出身卑微……我聪明不在人上头，年纪不在人下头，主编之职，实难胜任。"

他的话使台上台下相视而笑，200多人的会堂里一下子安静下来。接着他就把自己"赤裸裸"地奉献在众人面前，金主编不是一个人云亦云的人，他有自己的语言，自己的个性，自己的主张，他是一个普普通通、正直、自信的人。

最后，他也没像别的讲话者那样讲几条决心、几条保证，而是坦诚地说："一个好汉三个帮，一个篱笆三个桩，哪只船顾哪只船……你们是真正的英雄豪杰，你们从事的是不朽的事业。"他的当众即兴讲话获得了台上台下长时间的热烈掌声。

第二，目标实际。目标实际就是抓住听众的求实心理而确定努力目标,且目标要切合实际。

一位水表厂厂长在就职讲话中的"决心",就注意了实事求是的原则,他是这样表明自己的决心的:"恕我直言,我无力为你们迅速带来财富,提高你们的工资,增加你们的奖金。但我将竭心尽智使你们成为企业的主人……我将诚恳地倾听你们的呼声,热忱地奖励和采纳你们的合理建议……只要我们每个人都充分发挥自己的智慧和潜力,那么,我可以断言,我们厂在不久的将来就会彻底摆脱贫困,告别瘫痪!"

他的当众即兴讲话刚结束,台下立即掌声四起。他实打实的即兴发言,鼓舞了工人的斗志,在工人心中燃起了希望的火焰。

第三,干脆利落。干脆利落是指讲话者在当众讲话过程中要注意用最少的字表达尽量多的内容,少而雅,简而丰,精明而短快,干脆而利落,就更能增强讲话的力度和光彩。

例如,一位新上任的妇联主任,在作即兴讲话时,面对全村妇女,她爽快地说:"大伙选我当妇女的头儿,算是瞧得起我,请婶子、大娘、姑娘、姐妹们放心,我也是女人,也有丈夫,有家,也怀孕生过孩子,我知道哪些利益该为咱妇女去争,哪些事该咱妇女去干。我先试着干一年,干不好,大伙再另选别人。"

当人们还等着她往下讲的时候,她已经结束了讲话,只简短几句,既没讲当前形势,没说今后措施,没谈妇女的地位,也没讲计划生育的意义,好像什么都没讲,可仔细一想,又好像把许多内容都讲了。干脆利落,让人听着不腻,嚼着有味儿。

第四,独辟蹊径。为了引起听众的注意,当众讲话时应撇开旧套路，选取新角度，独辟蹊径才能出奇制胜。

例如，某部九连新任指导员的讲话就不同凡响，他先从数字讲起："世界上有些人对一些数字有偏爱，其实，数字'9'，它寓意深刻，含义丰富。'9'含有圆满之意，'9'的上半部分是一个圆，好像桌子上的圆杯；'9'的下半部是一撇，形似杯中外溢的水，水满才会外溢，正好体现了我们九连岁岁丰收，事事圆满。"

同样的开台锣鼓，他却能巧奏出动人心弦的新鲜鼓点来，既活跃了气氛，又融洽了情感，有"曲径通幽"之奇，"暗度陈仓"之妙。

以上几点只是表白式讲话成功的重要因素。实际上，讲话的技巧是无穷无尽的，还要在实践中不断研究和探索。但不论用什么方法，讲话者都要根据自己的实际情况，扬长避短，灵活运用，讲出自己的真情，讲出自己的个性来，才能取得既令自己满意，也令听众振奋的最佳效果。

3. 答谢式当众即兴讲话

第一，恰如其分，得心应手。获奖者、受表彰者无一不是某一方面的佼佼者。他们所从事的工作内容，是获奖者、受表彰者感受与体会最深切的。因此，以获奖的内容来进行当众即兴答谢讲话是得心应手的。

1991年11月，中国电影的最高奖项"金鸡奖"与"百花奖"在北京同时揭晓。著名演员李雪健因主演电影《焦裕禄》的主角焦裕禄，而同获这两个大奖的"最佳男主角"。

李雪健在获奖后是这样讲的："苦和累都让一个好人——焦裕禄

受了；名和利都让一个傻小子李雪健得了。"

他话音刚落，全场掌声雷动。

李雪健抓住影片《焦裕禄》中的主人公焦裕禄的人物特点，恰如其分地运用对仗的语言，既歌颂了焦裕禄的高尚品质，又表达了自己受之有愧的心情，给人留下深刻的印象。

第二，真情实感，言简意赅。一个人能够获奖或受表彰，其人生的价值体现出来了。此时此刻，他兴奋、激动的心情是可想而知的。因此，一些获奖者常常用简短的当众即兴发言来表达发自内心的感情。

1990年，上海"申达杯"旅游征文在上海沪东工人文化宫颁奖。一等奖获得者沈士彦以排比的修辞手法，言简意赅地表达了自己真挚的感情，感谢了支持、关心、爱护他的人："我是一个幸运者。幸运之所以来临，我得感谢全体评委，是他们对我的厚爱；我得感谢指导我的老师，是他们培养了我；我得感谢我的妻子，是她全力支持了我。"

第三，由衷热爱，执着追求。获奖、受表彰固然是成功的标志。然而，一个有远大抱负的人，将继续在自己从事的工作上不断奋进，去攀登更高的高峰以表达对自己所从事的工作的热爱或追求。

1991年8月8日，上海教育局为著名特级教师于漪从教四十周年举办庆祝会。在会上，于漪老师激动万分，为了表达他对教育事业的执着追求与由衷的热爱，他说："如果逝去的岁月可以重新归来，青春的年华可以再过，那么，我将依然选择太阳底下最伟大的职业。"

此刻，全场响起雷鸣般的掌声。听众从他的答谢演讲中感受到他那激跳的脉搏与滚烫的情感，从而产生崇敬的心情。

第四，谦虚谨慎，不骄不躁。一个人有了成就之后，随之而来的是赞美、鲜花。在这种情况下，更要保持清醒的头脑，成绩只能说明过去，一切从零开始。因此，在即兴答谢式讲话中表现出自谦的美德，也使讲话增色生辉。

伟大的无产阶级革命导师恩格斯到维也纳、柏林访问时，两个城市的人民热烈欢迎恩格斯。维也纳人民还为他的来访召开庆功会。

然而，恩格斯并未因为对革命运动做出了巨大贡献而沾沾自喜，一直保持着谦虚谨慎、不骄不躁的作风。他当众说："如果说我在参加运动的50年中的确为运动做了一些事情。那么，我并不因此要求任何奖赏，我的最好的奖赏就是你们。"

第五，加强交流，满足需求。获奖者往往是离不开听众的支持的。有的获奖者是听众投票产生的。答谢讲话时面对的是自己的崇拜者、崇敬者。因此，即兴答谢讲话应与听众进行有益的交流，满足听众的需求。

1991年11月，上海电视台"今夜星辰"节目主持人叶惠贤荣获全国节目主持人金奖。他在答谢讲话时，通过巧妙的比喻，表达了不辜负观众的期望的决心，并愿意再接再厉，更上一层楼，接受广大电视观众的检验。他说："我感到咫尺荧屏就像一片无际的海洋，主持人就像一条经受风吹雨打的小船。同时，也渴望得到观众的支持。"

把握3个阶段技巧，让即兴演讲张口就来

即兴讲话就要像白居易《琵琶行》一诗中"大弦嘈嘈如急语，小弦切切如丝语，嘈嘈切切错杂弹，大珠小珠落玉盘"写得这么形象，抑扬顿挫，错落有致，发音响亮，平仄相间，轻重得体，高低有度。

下面分讲话前、中、后3个阶段例证。

1. 讲话前的准备

第一，克服紧张情绪。对讲话少的人来说，讲话前紧张是自然的，应该正视这种紧张，全当是献一次丑，再紧张也得讲。那么，如何消除紧张情绪，有几种物理方法大家可以试一下。

① 深深呼吸，眼睛微闭，全身放松，心里默默地数数，这样可以使血液循环减慢，心神就会安定下来，全身有一种轻松感。

② 临场活动，由于紧张会使体内产生大量的热能，如果在讲话前稍加活动，双手握紧然后放松，让肌肉缩紧再放松，就会促使热量散发。

③ 闭目养神，用舌尖顶上腭，用鼻吸气，可以达到安定神绪，独自幽静，怡然自得的目的。

④ 凝视物体，确定某一物体，专注凝视，并去分析它的形状，观察其颜色与远近。

⑤ 摄入饮料，讲话前准备一杯开水，这样可以增加唾液，保证喉部湿润，也可以稳定情绪。

⑥ 情绪转移。情绪转移也可以缓解紧张症状。英国有个企业家叫詹姆斯，因讲话屡次失败，怕在众人面前丢丑，每次讲话时那种紧张的场面就浮现在眼前。有次讲话前他狠狠地拧了自己大腿一把，突然感到出奇的平静，结果讲得非常成功。

第二，认真构思腹稿。在稳定情绪的同时要理清讲话思路，做到胸有成竹。构思腹稿要防止下列话题：对于不知道的事情不要冒充内行；不要在公共场所谈论别人的缺陷；不要谈容易引起争论的话题；不要到处诉苦发牢骚。

第三，了解掌握听众。每到一处讲话，即使三五成群的聊天，也要分个场合，可谓"逢场作戏"。了解听众主要有以下几个方面：文化、职业、年龄、性别等。

2. 讲话中的技巧

第一，开头的技巧。即兴讲话是一种随行就市，临场发挥的行为。所以不要把开头看得过分重要，也不要规定得过于死板，这样会限制讲话的临场发挥。但"万事开头难""良好的开头是成功的一半"。

第二，美国著名口才大师洛克伍德说过："在整个讲话过程中做到轻松地、巧妙地和大家交流思想是困难的。然而，做到这一点的关键是讲话开头的用字表达。"

第三，结尾的技巧。讲话的结束语用好了能起到预想不到的效果。结尾的方式有：总结式、升华式、启发式、号召式等。

总之，掌握即兴讲话的技巧非常重要，口才与交际、口才与事业都有着密切的关系。言为心声，口才使你表情达意；能说会道，口才使你交际畅达；谈笑风生，口才使你处世安乐；一鸣惊人，口才使你谋职顺心；巧舌如簧，口才使你经商亨通；神思妙语，口才使你事业成功。

3. 讲话结束语

很多人在讲话结束的时候，往往会说"我想我已经啰唆得够多了"或"我不知道自己是不是把这个问题讲清楚了"或"我通常并没有这么兴奋，也许是因为咖啡的缘故"这样的结束语，看似幽默风趣，但其实足以毁掉整个讲话。

另外，不要在结束语中采用与讲话的其他部分不相协调的口吻或风格。如果你让听众在整个讲话过程中一直笑个不停，而在结尾时突然使用沉重消极的语言，会使听众觉得大煞风景。

最后要说的是，不要在讲话过程的任何地方使用"总而言之""概括地讲"等语句，除非讲话真的要结束了。因为这样会使一部分听众以为讲话已经结束而分散注意力，结果却发现讲话还在继续。

组织好腹稿，讲话才能方寸不乱

围绕讲话提纲，在有限的时间内，抓紧打一个腹稿。如果讲起来方寸不乱，从容发挥，没有明显的语病，这篇即席讲话就算成功了。打好腹稿，应从以下三点入手。

1. 浓缩讲话内容

对于训练有素和有经验的发言者来说，在讲话前的短暂时间内，就能根据现场的情况确定讲话的中心内容，以及先说什么，后说什么。对于经验不足的领导者来说，讲前可将内容高度浓缩，进行要点提示，以免遗漏。比如在本单位体育比赛颁奖典礼上作即席讲话，其主要内容应包括以下几点：

一是向获奖的集体和个人表示祝贺，向教练员、工作人员表示感谢；

二是要说明举办这项活动的意义；

三是号召其他员工向运动员学习；

四是希望今后继续举办。

根据这些内容，可以用"祝贺""感谢""意义""学习""希望"等词来对讲话内容进行抽象概括，作为讲话主干，届时进行发挥。

2. 提炼好观点

如果话题是圆,观点就是圆心。观点要正确、鲜明、集中。与话题无关的观点,会使讲话跑题;与话题相悖的观点,会使讲话自相矛盾。观点是即席讲话的核心,应贯穿讲话的始终,在讲话中起着纲领性作用。观点要相对集中,与话题无关或关系不大的不讲;观点有多个,但必须分清主次、明确先后,抓住主要观点讲深讲透。

3. 组织好句群

句群也叫句组,是一篇讲话的基础。一个句群有一个明确的意思,称为"意核",它可以使几句话联结成句群。如果我们准备几个"意核",发挥成句群,即席讲话的腹稿也就出来了。即席讲话前可先想好几个"意核"。假若你被邀请参加一个乡镇企业改革工作会并请你作即席讲话,首先,你就可以稍加思索,列出一组"意核"。

① 这次会议很重要。

② 会议有几个特点。

③ 突出抓好几个环节:要下大力气抓好企业产权制度改革;要切实加大管理力度;要大力开拓国内外市场;要切实抓好技术改造。

④ 切实抓好落实。

然后,你便可以从容不迫地边想边说。有的讲话可分成几大段,每段又分几条,每条定几个"意核"。围绕这些"意核"展开、补充、联想、举例。这样可以使即席讲话有条不紊。

美国公共演讲问题专家理查德曾推荐了一个精选腹稿结构模式。他认为即席演讲应分为四个步骤进行。

步骤一：喂，喂！这两个"喂"的意思是，必在首先激起听众对你演讲内容的浓厚兴趣。他主张开口直接用生动典型的事例画龙点睛，道出主题。

步骤二：为什么要费这个口舌？这部分应向听众讲明为什么要听你的演讲。演讲的内容要使听众感到有直接的利害关系，产生紧迫感。这样就易于吸引听众。

步骤三：举例。若想把论点形象、简洁地印入听众的脑底就必须举例。生动的事实列举，不但能深化听众记忆，激发兴趣，而且也能开拓主题。

步骤四：怎么办？这是最后一步。在这一步，一定要告诉听众你谈了大半天是想让大家做些什么，最好讲得具体一点。

话题和提纲确定后，就要开始迅速抓取材料。讲话离不开材料，材料是讲话的基础，有了材料才有话可说，观点才有寄托，运用起来才能得心应手。没有足够的材料，脑子里一片空白，就会词不达意，言之无物，语焉不详。成功的即席讲话者往往知识面广，熟悉材料，善于组织。

即席讲话无法在事先做充分准备，完全依靠现场组织。当即抓取材料，有两个来源：一是讲话者平时的知识积累；二是眼前的人和事。无论是哪方面的材料，都要尽量选用论证观点有力的材料。材料作为论据是用来证明论点的。

因此，要注意选择那些能够反映观点、支持观点、论证观点的材料。只有这样的材料，才能与观点相辅相成，具有强烈的说服力。有的领导者在即席讲话时，对引用的材料，往往不加鉴别、不加选择，不管对观点有用无用，顺嘴就说，使材料与观点大相径庭，显得整个讲话废话过多，说服力不强。

即席讲话也可选取现场的人或事，它比间接材料更具针对性和说明性，说服力更强，听众感觉更有现实感。只有多联系现场中的人和事，才能把讲话者和听众的情感交融在一起，收到预期的效果。

简洁朴实，有亲和力的讲话更深入人心

领导者在出席座谈会、讨论会、协调会、工作会，参加一些礼仪活动，外出参观学习，下基层检查指导工作，接待群众来访等诸多场合中，经常需要作当众即兴讲话，而且作当众即兴讲话的机会要比有准备的正式讲话多。

当众即兴讲话通常有三种情况：一种是会议主持人邀请或群众推荐，不好推辞而讲话；一种是受临场情境所感染，情绪激昂，有感而发；还有一种是出现非常情况，作为领导者不得不站出来讲话。不管哪种情况，都决定了当众即兴讲话具有突然性、临时性和不确定性。

实事求是地讲，当众即兴讲话要比一般的当众讲话、写文章困难。一般当众讲话、写文章可以认真准备，精心构思，反复推敲，仔细修改，定稿后才发表。而当众即兴讲话，没有现成的稿子，来不及认真准备，容不得深思熟虑，全靠现场思索和临场发挥。因此，当众即兴讲话是对一个领导者心理素质、应变能力、说话水平、文化修养等综合能力的考验。不管什么样的情况，简洁新颖的语言风格都不会让人讨厌的。

简洁朴实的风格会增加发言者的亲和力，拉近和听众心理上的

距离，又明白易懂，讲话效果自然显著提高。真正能吸引、打动听众的是那些真话、实话、心里话，听够了、听厌了的是那些大话、套话、假话。

有一位领导干部在就职欢迎会上，考虑到自己对新单位的情况还不了解，就职即席讲话就没有涉及"施政纲领"，而是讲心里话、实在话。想不到，仅五分钟的就职演说，就赢得了热烈掌声，给群众留下了很好的印象。

这件事告诉我们：无论在何时何地发表即席讲话，都要从本地、本部门、本单位、本人及现场的实际出发。多讲听众关心的事和想听的话，表明领导机构的态度，拿出切实可行的办法和措施。不要刻意罗列华丽的辞藻、追求时髦的观点，而是紧紧抓住群众关心的热点难点问题，解决实际问题。千万不要装腔作势，盛气凌人。群众的眼睛是雪亮的，不会认同那些虚伪造作之言。

即席讲话最忌讳重复别人的观点，这就要求讲话内容新颖的同时又能切中实际问题。也就要求发言人要善于了解和掌握群众的心理态势，抓住群众关心的实际问题，选准角度和时机切入，使所讲的话，符合时代要求和群众需求，这样才能使讲话有的放矢，让群众感到亲近、实在、可信、可行。

某新任县委书记走马上任，在县里召开的一个会议上，他作了即席讲话。他说："我的原籍在长沙，且读书、工作多年，那里是我的第一故乡。从昨天到县里起，我就是县里的公民了。（听众掌声）

"现在，不但我是县里的公民，我爱人、小孩的户籍关系也一

同转来了,应该说,他们也是大家中的一员。(听众掌声)

"我到这里来工作,这里就是我的第二故乡,是我的家了。是家,只有首先安家,才能当好家,把故乡建设好,让家乡的父老乡亲过上好日子。(听众掌声)

"我相信,只要我们各级领导者与人民群众同甘共苦,齐心奋斗,就一定能够战胜各种困难,把自己的家乡建设好。"(听众热烈掌声)

这位县委书记的即席讲话,实在是质朴无华,却跌宕起伏,抑扬顿挫,给群众留下了深刻而良好的第一印象,收到了化平淡为新奇的精彩效果。

抓准"题眼",就抓住了听众的"七寸"

有的领导,不管在什么会议上,或者是集会中,也不管面对多少听众,都能根据会议主题,针对会场气氛,围绕某个问题,进行精彩地即兴讲话,运用大量的事实和例证,广征博引,侃侃而谈,还能做到观点鲜明,声情并茂,逻辑严密。听众会从内心佩服这样的领导。

当然,也有的领导,面对众多听众作即兴讲话时,不知道讲什么,不知从何讲起,尤其是缺乏讲话经验的领导,在大型场合即兴讲话,心慌意乱、词不达意、语无伦次,甚至张口结舌,讲不下去,陷入一种尴尬的境地,严重损害了领导者在群众中的威信。其实,当众即兴讲话并没有那么难!

捉蛇要抓"七寸"——"题眼"。即兴说话,关键点是借题发挥。无论是有明确主题的赛场即兴演讲,还是没有明确题目只有情境的大会发言,甚至是那种生活中的突然来几句,表达者都要能抓住关键的"题眼"。"题眼"确定了,就可以在丰富多彩的生活阅历中、从古今中外的知识宝库里寻找材料围绕"题眼"进行组织。下面我们分析即兴演讲《渡船》的"题眼"。

渡船本来是一种交通工具,它的作用是不怕风吹浪打,来回于江河两岸，把人们送到目的地。即兴演讲的目的并不是要我们介绍渡船有什么作用，而是应适当引申，赞颂具有渡船性格的人们，比如人民教师。要抓住的"题眼"是"渡"字，进而联系到教师把学生"渡"向知识的彼岸、理想的彼岸。

有位教师应邀参加迎接新生的集会，会上主持人要他代表教师说几句话。他巧妙破题，抓住"题眼"——"新"字进行发挥。

亲爱的新同学，你们好！

大家带着父母新的希望，带着朋友新的祝愿，也带着自己新的理想，来到了一个新的地方。在这新的学期里，衷心希望大家以新的语言、新的行动、新的风貌、新的一切去适应新的环境，开始新的学习，展示新的生活以掌握新的知识，增加新的技能，取得新的成绩。相信大家三年之后，将以新的姿态、新的风采站在父母、朋友、社会的面前，那时你可以骄傲地说："新的生活又开始了！"

这段发言抓住了题眼，由点及面，一气呵成，自然受到了听众的热烈欢迎。寻找"题眼"关键在于审题，结合题目和环境作全面分析。如表达《人生的价值在于奉献》时，要抓住"奉献"二字。一些情境性的即兴演讲灵活性较大，要从新奇独特的角度挖掘"题眼"。

不同情境下即兴发言的技巧

当众即兴讲话是领导干部综合素质的一面镜子,是群众评价领导干部能力、水平的一把尺子。领导干部即兴讲话若能讲得生动精彩,引人入胜,打动人心,无疑会给听众留下难以忘却的印象。很显然,成功的即兴讲话,可以帮助领导塑造良好的形象,提高在群众中的威信,增强权威,有效地促进各项工作的开展。

从某种意义上说,善于即兴讲话,是领导干部的一项基本功,要想成为一名出色的领导干部,就必须成为一名即兴讲话的能手。那么,在参观访问和集会时,需要我们即兴发言,我们应该怎样泰然面对,说出得体的、打动人心的话呢?

1. 被发问时的即兴发言

通常是在会议上、法庭上或学术性的讨论、答辩会上,它大多是被动式的发言。这种发言受发问内容或发问主题的限定,因此,就发言范围来讲是容易把握的。这种答复式的发言,应问一答一,将所需回答的问题,作条理清楚、内容完整而又是非曲直分明的阐述就可以了。

如果是被人质疑,那就将"疑点"所在,做出符合事实和理由充分的回答。如果是法庭上的答辩，就将所涉及问题的时间、地点、在场人、事实的经过等加以阐明，或陈述你的申辩理由。如是学术上的答辩或解释，那你就将你的观点或研究成果，用科学的方法加以论述或阐明，倘若遇到深奥艰涩难懂的问题，可用浅显易懂的形象性语言加以说明……这样，你便能将你所答的问题说得明明白白了。那么，当我们被人发问的时候，怎样才能做到无可挑剔呢？

（1）充满自信。你要充满自信，无论你是否知道问题的答案，是否有话可说，都要与其他的人进行目光接触，显得信心百倍，而且始终要让自己处在可见的位置。这样的你，才会给人留下充满自信、举止得体的美好印象。

（2）不要不懂装懂。我们要面对现实，有些时候，有人希望你说点什么，而你却根本不知道如何作答。此时，你不要结结巴巴地敷衍，或者试图通过咕哝蒙混过关，而应该通过这样一些回答表明你的信心，"我不敢肯定"或者"下来之后我会好好查阅资料，然后再回来找你"。如果你的确对答案一无所知，诚实便是最好的策略。

（3）尽量给出最好的回答。如果你对怎样回答有点想法，不妨尽量完整地提出来。多数人发现尝试要比根本不试强，哪怕试过了之后没有成功。一般来说，我们通常能以发言者已经说过的话、我们过去的知识和背景、我们的直觉或其他观点为基础，好歹拼凑出一个答案来。回答时，要让人感觉你是经过深思熟虑的，切忌让人觉得你在敷衍他。

（4）集中注意力。如果被别人点名回答问题时，你的注意力集中在自己的想法、担心、感觉和关注的重要问题上，那么你或许根本听不到对方的提问,更不用说了解别人到目前为止说了些什么。如果你善于将自己的注意力集中在外界事物上,跟着交谈或发言的思路往前走,那么你就会知道大家正在讨论的内容是什么,从而也就处在回答问题的有利位置上。

2. 参观访问时的即兴发言

参观访问时的即席发言,往往是以目击其景后的见闻感知作主动或被动性的发言。可对被参观单位的成功经验、好的工作方法、科学管理等加以阐发和赞扬,或对主人的热情好客进行道谢。这种发言,感情应真挚,情调应高昂,语气应谦逊,言辞应优美,注意不要流露出傲慢味或别人不如自己的优越感,等等。

3. 集会时的即兴发言

若是政治性的集会的即席发言,宜用激昂、热烈和信心百倍的情调言语;若是纪念性的集会的即席发言,气氛需要悲沉的,就应用沉重的调子,对伟人、名人、要人的功绩加以追述和赞扬,指出其价值和意义、继承和发扬等的意向来。一般地说,"集会"总是以政治性的居多,所以这类发言应以鼓动性为宜。让听众能按着大会提出的号召去努力实现奋斗的目标。

即席发言的场合和形式远远不止这些。但不论何类何样,你只需把握住:你面前的场景是喜庆的,你就讲"喜庆话"且应讲得欢快些;如你面前的场景是激昂的,你就讲"激昂话"且调子应热烈些；如果你面前的气氛是愤怒的，你就讲"愤怒话"且应讲得火气大些……

如果对象是青年人，你就讲"青年话"，且应讲得有情趣些；对象是农民，你就讲"农民话"且要讲得憨厚些；对象的层次是复杂的，你就讲综合性的"折中话"或分别述说各类"行业话"，这种话应讲得客观些、温情些、友爱些、动听些……如果你再能把握住简短、明晰、得体、不拖沓、不老生常谈，这样，你的即席发言便会意趣横生，深受听众欢迎……

第八章

▽

面对演讲突发状况,巧妙辩论渡难关

▽

在演讲的过程中,我们难免会遇到一些突发状况。比如,大脑很可能出现暂时的"短路",会有不友好的听众故意刁难,等等。如果不是一个经验丰富的老手,很可能就把演讲搞砸了。不过,还好我们可以学习前辈的经验。因此,掌握一些演讲突发状况的应对技巧,既可以帮我们化险为夷,也能为讲话添彩。

应对"短路",用关键词重启记忆

在脱稿讲话的过程中,讲话者可能因为某些原因而突然忘词,思维中断,无法将讲话继续下去,这样的情况就是人们常说的脑子"短路"。"短路"是一个非常严重的问题,如果讲话者无法在短时间内继续自己的讲话,那么整场讲话都将失败。

出现"短路"的原因也是各种各样。可能是因为讲话者突然走神,以至于思维没有跟上;也可能是因为讲话者心理产生波动,导致思维受到影响;还可能是讲话者受听众或环境的某些影响,大脑暂时出现了空白。总之,出现"短路"的原因非常复杂,不能简单地归结为主观因素或客观因素,而是在讲话者的知识储备、心理素质、反应能力及环境变化、现场情况等诸多因素的共同作用下产生的。

"短路"情况时常出现,但是它是可以尽量减少甚至避免的。在脱稿讲话之前,讲话者可以多准备一些与讲话内容相关的材料,以备不时之需;也可以提前掌握一些应对"短路"的技巧和处置手段,这样就能在"短路"时灵活处理。做好充足的准备,讲话者心中会更加踏实,在出现"短路"时就能更加坦然地面对,以良好的心态迅速从"短路"的泥潭中解脱出来。

在诸多的应对方法和技巧中,牢记关键词是其中比较好用的一种方法。

所谓的关键词,就是讲话者对讲稿进行深度提炼之后得到的几个最为关键的词语。关键词是讲稿的灵魂,通过关键词可以衍生出关键内容,这样就能把握住讲话的主旨。

赵梦依是某公司的人力资源总监,经常需要对员工进行培训。在每次培训开始之前,赵梦依都要提前进行准备,不仅要准备好讲稿,还会对讲稿进行高度的总结和概括,提炼出关键词,以防出现"短路"的情况。

这一次的培训,她总结出"奉献、学习、成长、发展"四个关键词。

"奉献"就是希望大家能够为公司奉献自己的能力。毕竟公司提供了一个发展的平台,这个平台需要大家共同进行维护,只有奉献了才会有所回报。

"学习"是希望大家能够利用公司提供的机会努力学习。大家互相学习,取长补短,才能不断充实自己,共同取得进步。

"成长"是希望大家能够不断地成长。只有不断地成长,才能不断地提升个人的价值,这样不仅能够提升自己,也为公司积累了宝贵的财富。

"发展"是希望大家和公司都有更大的发展前景。个人发展了,公司才能壮大。公司壮大之后,更有利于个人的发展。这是一个互相促进的过程。

可以看出，赵梦依讲话的思路非常清晰，四个关键词之间也有十分紧密的关系，提及一个很容易就能联想到下一个。这样一来，整个讲话就变得逻辑性十足，非常便于记忆。

在讲话的过程中，一旦出现"短路"的情况，借助关键词的提示，很容易就能重新找回思路。即便暂时无法全部回想起来，也能在脑海中找到相关材料，及时弥补讲话的空白。

如果能将讲稿中的关键词提炼得短而多，那就更好了。关键词的数量越多，讲话可以拓展的空间就越大，即便某些关键内容难以记起，也可以巧妙地将其忽略，直接讲到下一个关键内容。

当然，无论关键词是多是少，提炼的情况是细是粗，都要谨遵一个前提，那就是记忆要清楚，不能出现任何偏差。一旦记忆出错，和讲话的内容无法契合，整个讲话就会无法展开，失败也就不可避免了。

面对诡辩,让事实来说话

在辩论中,诡辩是最难应付的,但只要仔细审视推敲,就会发现其前提、推理、结论,都有着虚假的成分。而此时,我们若能及时摆出事实,诡辩自然不攻自破。那么,如何驳斥诡辩呢?

1. 掌握唯物辩证法、辩论学、逻辑学的基本原则

诡辩的目的是为错误观点辩护或攻击正确观点,它的诡诈之处就在于它故意违反逻辑的规则和法规,随心所欲地来证明自己的观点,它是一种巧妙的、不易发现的逻辑错误,是一种似是而非的论证,带有极大的欺骗性。所以,掌握唯物辩证法、辩论学、逻辑学的基本原则,是驳斥诡辩的有力武器。

2. 寻找诡辩的矛盾之处

任何荒谬的观点都不能论证为真,如果从诡辩中抓住其与事实、正确理论相矛盾的地方,将其揭露出来,诡辩的阴谋也就破产了。

3. 从论题、论据、论证方式着手驳斥诡辩

诡辩也是由论题、论据、论证组成的。常见的诡辩伎俩是偷换

论题、捏造论据、以偏概全、循环论证、两难设问和牵强附会。所以，在驳斥的时候，你也可以从这几个方面寻找突破口。

Nuremberg: A personal record of the trial of the major Nazi war criminals 一书的作者艾雷·尼夫，曾参加纽伦堡国际军事法庭工作，他生动翔实地记录了纽伦堡国际军事法庭对希特勒第三帝国20名活着的纳粹党头目作为战犯审判的事实。其中对德军元帅、德国空军总司令戈林的审讯有下面一段记载：

当盟国检察当局开始审讯戈林时，他已经在证人席上待了一个星期。第一个起诉人是美国方面的罗伯特·杰克逊，审讯开始不到10分钟，杰克逊就陷入了困境，他很快就被文件搞得晕头转向，而戈林则看出了每个问题后面的企图，他甚至用洪亮的声音表示愿意帮助杰克逊。

在整个审讯中，戈林越来越主动，而杰克逊则越来越被动，他多次在法庭上出现失态的举动，怒气冲冲地摔耳机，有一次几乎要哭了，而戈林则仿佛仍然是第三帝国的元帅。在这个斗争回合里，戈林获胜了。他先在证人席上待了一个星期，对审讯程序特点有所了解，也有所准备，同时，他熟悉盟国所缴获的全部文件，知道自己的弱点在什么地方。

相比之下，杰克逊对文件没有准确地把握，同时主动权掌握得也不好，不仅没能发挥自己的能力，诱使证人陷入预先设好的圈套，反而允许他长时间地夸夸其谈。结果，原当以雄辩获胜的杰克逊却败在了戈林的诡辩之下。

在下一个星期天，戈林故技重演，他坚持说，当50名英国皇家空军的战俘军官于1944年春被枪杀时，他正在休假。此事是对这位前帝国元帅最明确的战争罪行的指控之一，可是他声称，在他们被处死之前，他对此事一无所知。

但是，英国的起诉人戴维·马克思韦尔·法伊夫爵士对材料烂熟于心，他像审讯小偷似的套出了戈林的一个"口供"。戈林声称他是3月29日到达大本营的，这时越狱发生已有5天。法伊夫当即指出，枪杀飞行员是分批进行的，一直持续到4月13日。两人针锋相对，结果法伊夫以事实戳穿谎言，接着他向戈林出示了文件。文件证明，德国空军作战部曾就此事告知他们的总司令戈林，以物证、事实进一步戳穿谎言，至此，戈林阵脚已乱，而法伊夫则不紧不忙，稳扎稳打，一步一步将其逼进了死胡同。

作为诡辩的老手，戈林对盟国掌握的材料又非常熟悉，不难想象，仅凭一般性审问是难以制伏他的，但法伊夫则凭借对材料的高度熟悉，以戈林难以否认的文件和他自己口供的矛盾，最后用事实击败了戈林的诡辩。

总之，诡辩并不可怕，只要掌握要领，灵活运用各种反驳技巧，也可将诡辩者驳得体无完肤。

针尖对麦芒，反驳要像一把锋利的刀

所谓反驳，是指在辩论中一方说出自己的理由，否定对方跟自己不同的理论或意见。"针锋相对"就是人们通常所说的"针尖对麦芒"。论敌言论锋利，自己言辞要更锋利；对方有气势，自己就更要有气势。以威对威，以势对势，以快打快，以强击强。在辩论中产生一种闻之震耳、以正压邪的作用。

有一次，在联合国的一次会议上，菲律宾前外长罗慕洛和苏联代表团团长维辛斯基展开了一场激烈的辩论。罗慕洛批评维辛斯基提出的建议是"开玩笑"，维辛斯基立即做出了十分无礼之举，他说道："你不过是个小国家的小人罢了。"

维辛斯基刚说完，罗慕洛就站起来，告诉联合国大会的代表说，维辛斯基对他的形容是正确的，但他又接着说："此时此地，将真理之石向狂妄巨人的眉心掷去——使他们的行为检点一些，这是矮子的责任。"

罗慕洛的话博得了代表们的热烈掌声，而维辛斯基很尴尬，什么话也说不出来了。

在这则事例中，维辛斯基身为苏联代表团团长，虽然来自一个超级大国，却出乎意料地在联合国大会上对别国外长进行人身攻击，完全违背了国际友好交往的基本道德和礼仪，表现出低劣的思想和修养，受到与会者的唾弃是可以想象的。

反观身为"小国之臣"的罗慕洛，虽然菲律宾的面积小得远不如苏联的一个州，而且罗慕洛穿上鞋子后，身高也只有163厘米，但他面对一个超级大国外交官员严重的失礼毫不畏惧，为了维护自己及国家的尊严和形象，他勇敢而巧妙地运用了一个形象的比喻，当众抨击对方的卑劣行为。

这样，"举起真理之石"的"矮子"与"行为不检点"的"巨人"正好成了鲜明的对照，有力地表现了菲律宾国虽小，却不容侮辱的严正立场，准确而有分寸地批评了身为大国之使的苏联代表团团长有失检点的恶劣行为。

舌战时，对准对方提出的命题，针锋相对地予以驳斥，击中其要害，当对方站不住脚时，自然就会败下阵来。

凭借勇气、领先气势、步步紧逼、言辞犀利是针锋相对法的特点，掌握了此法，在辩论中才能体会到"魔高一尺，道高一丈"的真正含义。

避实就虚,把逼人的气势怼回去

辩论讲究一个"巧"字。巧用策略,善用技巧,以智取胜。俗话说:"欲速则不达。"急于说服对方,往往招致对方拉开阵势,任凭你嘴皮磨破也不为所动,使本方预先的战略不能很快奏效。这时不妨退一步,"以退为进","避实就虚",绕开双方争执上的是非对立之处,从更易攻破对方之处入手,这种策略在辩论场上常常用到。

比如,南京大学队在为迎战第三届亚洲大专辩论赛所进行的训练中,曾与河海大学作了一场热身赛,辩题是"实施环境保护会降低经济增长速度"。持正方立场者在辩论中很容易被对方逼到不要搞环境保护的困境中去,从而失去评委和观众的支持与同情。

为了防止陷入这种窘境,正方的队员一上场就声明:"我们是环境保护的坚定拥护者,我们希望既保护了环境,又增长了经济。但是鱼和熊掌两者不可兼得,为了人类的生存和发展,为了子孙后代的幸福,我们主张宁可适当降低经济增长速度,也要保护好环境!"环境要不要保护?正方若从这一点上入手,显然违背常理,其观点就根本站不住脚。既然已成定论的问题,就加以肯定。

这个辩题的反方并不容易。他们要阐明实施环境保护不会降低经济增长速度，但这与人们的感情直观相违背，搞不好，会有强词夺理之嫌。反方巧妙地采用了"将欲取之，必先予之"的策略，指出："从现象上看，太阳绕地球转，从本质上看，地球绕太阳转；从局部上看大地是平面，从总体上看大地是球面。同样，从现象、局部、暂时上看，实施环境保护似乎会降低经济增长速度；但是从本质、总体、长远上看，实施环境保护不仅不会降低，反而会提高经济增长速度。"这里的退一步，照顾了人们的感觉直观，但实际上是为了更好地进一步算大账，算总账。因此，"这一退"合情合理，效果显著。

辩论并不是要把没理说成有理，它是一种集知识、思辨、技巧于一体的带有对抗色彩的智能性活动。因此，对于那些约定俗成、人所共知的常识、认识、立场、观点，要勇敢地加以肯定。肯定真理的做法，绝不会让你在对手面前稍逊一筹，相反，会使你的立论更加有理有据，无可挑剔。

顺水推舟，用笑声化解尴尬

演讲时，无论演讲稿写得多么精彩，练习得多么认真，计划得多么细致，总会出现一些难以预料的状况，给讲话者带来一些尴尬和麻烦。如果能够采用顺水推舟的技巧解决问题，讲话就会变得更加精彩纷呈、广受欢迎。

所谓顺水推舟，就是在遇到尴尬时以尴尬作为出发点，引出与讲话相关的内容。这样讲话者不仅能在笑声中化解尴尬，还能顺理成章地进入讲话主题，可谓一举两得。

在一次期末考试的考前动员会上，李主任走上讲台准备发言。然而，他刚刚站定，同学们就窃窃私语起来，有些同学甚至暗暗发出笑声。李主任感觉有些莫名其妙，心里顿时生出不好的预感。

这时，坐在前排的老师指着他的衣服小声提醒道："李主任，您的扣子扣错了一个。"

李主任低头一看，果然有一个扣子扣错了，心中立刻生出一丝尴尬。不过，他并没有因此而惊慌失措，而是非常严肃地说道："对不起啊，同学们！我只想着赶紧为大家加油鼓劲，倒把自己的扣子扣错了。不过这没什么，扣子扣错了我可以重新扣，可是在期末考试中答错了题目可就没有机会改正了啊！期末考试即将来临，希望大家能够以认真的态度努力学习，为期末考试做好充足的准备……"

　　李主任遭遇了尴尬，他用坦然的态度承认了自己的失误，并把这个错误和期末考试联系在一起，反而令同学们有了更加直观的感受，对错误有了更加深刻的认识，提高了对期末考试的重视程度。这就是顺水推舟的妙处，非常值得借鉴和运用。

　　试想一下，如果李主任发现扣子扣错之后，只是尴尬地赶紧整理自己的衣服，之后再按照之前的计划按部就班地完成讲话，那同学们还会愉快而认真地听完讲话吗？想来，应该会有很多同学的思想仍然停留在李主任整理衣服的那个阶段，而对讲话没有过多关注吧！这样一来，李主任讲话的效果必然大打折扣，白白浪费口舌。

　　遭遇尴尬时，坦然接受，泰然处之，顺着自己的尴尬延伸出讲话的主题，是一种莫大的智慧和能力。要做到这一点，就要能接受自己的尴尬，要有开朗的心态和博大的胸怀，甚至能拿自己的尴尬自嘲。对于大多数人来说，这并不容易做到；对于想要脱稿讲话的人来说，一定得做到才行。

不友好的听众，让他一尺又何妨

不友好的听众并不常见，不过，在当众讲话的时候，你可能遇见你提出的观点不合听众心意，让听众怀疑或产生消极反应，或者是赤裸裸言语挑衅的情况。面对这样的情况，如果你的经验丰富，则能够游刃有余地处理；但是，如果你没有经过专业的训练，或者是缺乏当众讲话的经验，则无异于经历一场噩梦，你还能掌控整个场面吗，还能轻松面对听众施予的压力吗？

其实，在多数情况下，你都能提前感知自己的观点是否会遇到部分或全部倾听者的反对，如果你为听众中的公然反对意见而异常诧异，那可能是因为你在发言之前没有做好充分的准备工作。不过，我们还是先看看听众怎样让你知晓他们是不是对你的观点持反对态度的。

当听众对你的演说不满意的时候，反对的方式有很多种，比如用脚尖敲地面或者摇头，不过这样的非语言信号让人难以察觉；有的观众则是公然插嘴和口头攻击；更明显一些的信号可能包括不停地玩弄纸张，让其发出一些声音……对于缺乏经验的你来说，听众的这些表现都会让你的思维列车"脱轨"，从而动摇你的信心，所以，能够预知到听众的这种反应是至关重要的。

无论你讲述的话题或提出的观点是什么，都不要忘记别人的看法可能与你相反。因此，你要了解这些相反的意见，并想办法搞清楚它们是怎样形成的。你要从各个方面深入地了解话题，如此，就能预知并自信地应对听众的异议。预知异议、应对怀疑并进行有效的抗辩，这不仅会让你的批评者安静下来，而且还会提高你在其他听众眼中的威信。

在能够预知麻烦的情况下，掌握下面这七个应对不友好听众的秘诀，能够更好地提高你的讲话能力。

1. 秘诀一：目标坚定

发言、陈述或讨论都要有个坚定的目标，这有助于你在听众怀有对立情绪时能继续坚持自己的观点。清晰界定的目标在多数正式和非正式发言场合中都是不可或缺的，因为它能使你将注意力集中在自己提出的观点上，并能迅速辨知批评者打算何时向你发难。

在充满感情色彩的环境下，有些听众可能倾向于用嘴巴提出他们的反对意见，此时，他们特别容易怀疑你自身观点的真实性和实际意义。但是，如果你对于想让听众了解什么特别清楚，那么，当怀疑者和非难者企图转移你的注意力时，你就会更加有信心对付他们。

2. 秘诀二：保持平静

无欲则刚，通过控制脾气发作，以理智和事实而不是情感大爆发来回应盘诘者，听众中的其他人就更能把你看成头脑冷静的交流者，从而更愿意设身处地为你着想。

3. 秘诀三：态度积极

态度积极而乐观是领导者和追随者之所以不同的根本标志。如果态度消极、举止失当，你就不能指望给别人留下获胜者的印象，并将别人的思维方式转变到你的思维方式上来。怀着热忱和激情向听众展示你的独特见解，对于说服他们相信你说的话大有帮助。所有伟大的交流者都知道，真诚的乐观和激情是不可抵挡的，往往还能感染别人。

4. 秘诀四：做好准备

当你遇到某个与你说话唱反调的听众时，做好准备非常重要。如果你知道自己的哪句话听众最有可能反对，你就有机会在准备发言时，对这些方面的内容加以具体强调，并提出无可辩驳的证据。你要尽可能多地搜集与听众的态度、兴趣、动机和问题有关的信息，以便清楚地认识他们对你的思想观点有哪些先入为主的看法。你拥有的信息越具体，就越能将其与听众独特的视角联系起来，并为应对听众的反面意见做好准备。

5. 秘诀五：坚持事实

如果你处在受到个人攻击的压力之下，不要在捍卫自身立场时找一些毫无意义的废话来说。显然，采取这种做法时，你可谓如履薄冰。所以你一定要坚持事实，必要时应经常重复。不过，在坚持事实的同时，一定要抵挡住诱惑，不使用那些你无法验证或来源尚无法确知的靠不住的资料。提出自己的看法时，如果该看法目前尚存在激烈争论，你就一定要坚持你能证明、无可辩驳的论据，否则，那些批评家们就会到处跳起来攻击你脆弱的论据和不可靠的论点。

6. 秘诀六：留意体语

当我们与他人交流时，我们得到的信息大部分都是通过非语言信号获得的。肢体"说"出的语言更值得信赖，代表的含义超出言语所能表达的范围。因此，无论何时，只要你在向听众讲话，就应该知道你发出的非语言信号是否使他们对你所传递信息的真正含义有更清晰的理解。如果你自己对所传递信息的可信度都有所怀疑，或者不敢肯定自己所持的立场是否经得起专家推敲，那么你的言语和体语便会体现出不一致性，而思维极其敏锐的听众会立即感觉到这一点，并由此得出关于你本人的结论。

所以，我们在讲话的时候要与听众进行频繁的目光接触，使你的外在动作和声音自然地支持你传递的信息。要让听众知道你虔诚地信守自己说的话，清楚它们的价值，通过"眼里有听众"来从内心里保持与听众的密切联系。

7. 秘诀七：建立共同基础

想想你与听众有哪些共同点。对重要共性的认识，可以成为听众支持你发言内容的一道不垮的桥梁。所有人都有某些普遍的经历，这些经历使全人类无论在文化背景、教育程度和社会经济方面有多大差异，都能紧密地联系在一起。当你面对的听众对你的思想观点持有强烈异议时，在发言中早早地对那些人们共有的人生经历加以利用是非常重要的。通过这一策略，即使怀有敌意的听众也禁不住和你产生共鸣，在你发言的过程中，就不会对你那么抵制了。

总之，听众由复杂的、有思想的、有感情的群体组成，和我们所有人都怀有相同的恐惧、相同的梦想和相同的渴望。你在掌握建立亲密关系、施加影响力的技巧方面练习得越多，就越容易迎合别人的愿望和动机，并促使他们从你的角度观察这个世界。

第九章

▽

不同场合,演讲也要讲究"有别"艺术

▽
▽

生活处处有演讲,站在讲台上授课是演讲,坐在会议室发言也是演讲,在街头宣传产品也是演讲。演讲可以在不同的场合进行,当然,不同场合的演讲也要根据不同的需求灵活变化。想要完美掌控各种场合,不仅需要长期的锻炼和积累,更要具备随机应变的能力。

把最好的自己讲给观众听

设想这样一幅画面,你走进某个新的社交团体或聚会场合,人们都在忙着相互作自我介绍。你心里想,我该怎样展示自己呢?我应该说点有意思的话,但什么话才有意思?大家作自我介绍时,我应该第一个上还是最后一个?我应该取悦每个人呢,还是应该谦逊些?我怎样向那些已经开始交谈的人作自我介绍呢?

当我们需要在团体环境下作自我介绍时,这些想法都会在你的脑海里一闪而过。无论是工作小组或网络会议这样的正式团体,还是宴会那样的非正式团体,作自我介绍都是一件很难的事。我们要牢记以下原则。

1. 要谦虚,但不要过于谦虚

谦虚和害羞之间是有区别的。如果你过于谦虚,对自己的成绩只字不提,或者自己有些好笑的事却不说出来,那么别人就会认为你无聊、无趣。人们总是片面地认为,导致行为发生的原因是人的性格,而不是所处的环境。鉴于此,他们会想当然地以为你这个人没有情趣而不是因为情绪不安。不要让别人这样想。相反,你应该说点有意思的话,不过,在第一次介绍自己时,也不要将自己的辉煌业绩一一列举出来。

2. 盯着别人看

这一观点有两层含义。第一，注意别人怎样作自我介绍，在他们某个人介绍完之后，可以借鉴他们的介绍方式；第二，你作自我介绍时，要看定群体中的其他人。要与不同的人进行目光接触，但不要在屋子里瞟来瞟去，最好是与团体中的每个人保持几秒钟的目光接触。

3. 想几件与自己有关的趣事

如果你觉得别人可能会请你介绍自己，你要说点有关自己的话，不妨想几件这一特定群体可能觉得有趣的事情。

什么才有趣呢？可以问几位非常了解你的人，问他们当你作自我介绍时他们认为说点什么好，并请每个人说出两三件事。然后你要寻找这些事情的"会聚点"在哪里。如果某件事每个人都提到了，那么这件事很可能是多数人都觉得有意思的事。

4. 控制好你的第一印象

或许你听到过这样一句话："你永远没有第二次机会再留下第一印象。"这话不一定全对，但是第一印象确实非常重要。说话时要给别人留下最好的印象，要做这样一些事：微笑，通常展示最好的风度来体现；自信，不要让头发遮住脸，用一种大得足以让每个人都听见的嗓门说话以及运用上述的目光接触。

以下给大家说说向团体作自我介绍时，留下良好的第一印象的一些途径。通过这些自我训练，一定可以让你给人留下不凡的印象。

第一，想几句自我介绍的话拼凑到一起，然后反复练习。不要练习过度，否则你的声音听起来就像预先录制好或者站在镜子前面反复练习过一样。要尽可能长时间地在真实的情景中练习，而不要满足于对着你很熟悉的人练。

第二，每周在5种不同的环境中说点与自己有关的有趣的话，以积累经验。以一种不过于谦虚的方式树立"推销"自己的信心。例如，你可以在与某个同事的交谈中谈论自己，如"你知道，有一天我骑自行车登山去了……"以显露你的兴趣所在，以及是什么让你显得与众不同。

第三，不要羞于谈论自己。一种常见的逃避策略是提问，不过，尽管提问对于了解别人很合适，但是，如果你始终对自己避而不谈，就会错失将别人吸引到身边的机会。要透露一点别人不知道的"隐私"，每周3次。这些"隐私"不一定是让人反感或惊天动地的事，可以是某种使你觉得自己冒的风险较小的、有些个性化的东西。

第四，每周至少一次向某个陌生人作自我介绍。你打招呼并作自我介绍的人可以是地铁里挨着你坐的人、结账柜台排队时站在身后的人、补习班上的同学、你孩子的朋友的某个家长等，向任何陌生人都可以，只要你有自我介绍的机会就行。

沉着冷静，6个妙招轻松将会议带离冷场

主持会议并能控制会议的进程是一门重要的管理艺术。主持者主持会议时，遵照会议规则是最基本的要求，但由于在会议进行过程中常会因情况的不同发生一些不同的变化，所以根据不断变化着的情况，主持者可灵活地采用各种措施和方法，有针对性地调整各种关系，解决各种随机性问题。为此，会议主持者需要掌握会议中经常出现的现象，以便有的放矢地控制会场情况。会议中常见的情况有以下几种。

第一，沉默。主持者在主持会议的过程中，经常会遇到无人发言或某一部分人毫无反应的现象。

第二，离题。会议活动过程中，常会有一些发言者出现离题、跑题的现象。

第三，无谓争辩。在对某个问题进行讨论时，与会者往往会各执己见，据理力争。

会议上出现沉默、离题、无谓争辩等情况时，主持人应该怎么办？

在讨论中，遇到无人发言或无任何反应，陷入沉默状态或出现冷场时，主持人应分清沉默的原因，分别采取相应的对策措施。

1. 进行启发或提问

如果是与会人员因为胆小害羞、缺乏经验而保持沉默，主持人应该主动鼓励他们发言，也可以进行启发或提问，并告诉他们即使说错了也没有关系。当他们发言时，主持人应从表情上显示出对他们的发言很感兴趣，同时对他们发言中合理的方面及时给予肯定，打消其害羞沉默的状态，增强其发言的信心和勇气。

2. 营造良好的气氛

如果是与会人员有顾虑，怕言多必失而保持沉默，主持人就应努力创造一种民主、宽松的会议气氛，打消他们的思想顾虑，鼓励他们畅所欲言，敢于发表自己与众不同的观点，敢于讲真话、讲实话。

3. 给予肯定和尊重

如果是与会人员清高闭守、不肯多言而保持沉默，这一类人往往阅历较深，处世比较严谨，有自己的见解。他们一方面想表现自己，另一方面又摆出一副清高不凡的架子。对这类人，主持者应该多给他们一些鼓励和尊重，让他们感觉到自己的意见很重要。比如："老张，你对这个问题很有研究，是这方面的专家，大家都想听听你的看法。"这样，老张受到鼓励和尊重，就很难再次推托。

4. 重视每个人的发言

个别与会人员会持不同意见，抱敌对情绪而保持沉默。这类人要么是对议题有不同意见不想说，要么是对主持人有意见不愿说。主持人应从团结的愿望出发，不计较个人恩怨，以亲切的感情和语气使他们改变态度，可以向他们主动发问，并对他们的发言持重视态度，使他们讲出自己的真实看法。

5. 运用幽默打开话题

如果是因为大家都不愿意第一个发言而保持沉默，主持人可以用幽默风趣的话语打开与会者的话题，也可以点名让性格外向、胆子较大或资历较深的人带头发言，以此带动大家的发言积极性，从而打破沉默的局面。比如说："老王，你大概早就考虑好了发言内容，大家都等着听你的高见，你带个头吧！"万事开头难，有人带了头，下面就会有人跟上。

6. 巧妙暗示，转入正题

在讨论中，遇到一些发言者不着边际、没完没了、脱离主题时，主持者出于对发言者的尊重，不好当面直接打断他的话，就应寻找机会做出巧妙的暗示，引其转入正题。主持人可以就其发言中一句贴着议题边缘的话，顺势向着议题讨论的方向引导，使发言回到主题上来；可以通过插话去直接引导，也可以对一些与议题关系较密切的问题，表示放到以后再作讨论，婉转地告诉发言人要转到中心议题上来；还可以对一些小事即行表决，快刀斩乱麻，摆脱此类琐事的干扰，使讨论转入正题。

讲话有趣味，聚会才会有气氛

无论是在饭店里还是在家里，搞聚会总需要一个牵头组织的人，这就是我们说的"主人"。毫无疑问，为了使聚会顺利、热烈地进行下去，真正达到增进关系、交流感情的目的，聚会的主人负有最大的责任。要想在聚会上营造活跃、热烈的气氛，主人一方面必须找到合适的话题，使大家在杯盏之余能够兴致盎然地畅谈起来；另一方面也必须要恰当地应付好两种人，一种是过分滔滔不绝的人，另一种是沉默或木讷的人。如果主人能在这两个方面下足功夫，那么聚会的气氛就很容易被调动起来了。

1. 找寻恰当的话题

主人要想调动聚会的气氛，防止出现冷场的尴尬局面，寻找到合适的话题是最重要的。所谓合适的话题，也就是能够促使聚会者津津乐道，相谈甚欢的话题，归纳起来有下面两种。

第一，大家熟知的话题。显而易见，在聚会中找寻大家熟知的话题有两大好处，首先是熟知的话题对每一个人来说都不陌生，每一个人都能够发表几句自己的看法，并且正因为熟悉，所以能够谈得深，谈得透，谈得妙趣横生，很容易把每一个人的兴致都调动起来；其次，大家熟知的话题往往牵涉一些共同的体验和经历，因而在谈论过程中很容易激发共鸣，拉近彼此的心理距离。

找到大家熟知的话题其实并不难，关键是要抓住聚会群体的基本特征。例如同学聚会，大家所熟知的话题自然是昔日学生时代的种种趣事等，只要有人提到了往昔的那些人或事，很快就会激发大家连绵不断的回忆与联想，大家的谈兴自然就浓起来了。

当然，以上是指聚会的成员彼此比较熟悉的情况，如果参加聚会的人彼此尚不十分熟悉甚至初次相见，那么主人就必须根据大家的性别、年龄、职业、家庭背景等来揣摩大家较为熟知的应是什么样的话题。

第二，找寻大家关心的话题。除大家熟知的话题之外，大家关心的话题也能够迅速调动聚会的气氛。对这类话题大家可能并不十分熟悉，但出于关心还是忍不住说一说，问一问，一个人可能讲不出个所以然来，但大家七嘴八舌就马上热闹起来了，聚会的气氛也能随之活跃起来。

那么，什么样的问题才是大家所关心的呢？粗略归纳，不外乎有两种。一种是牵涉大家个人利益的问题，例如对同在一单位的同事来说，工资的涨落、领导的更换、本月是不是要多加班、国庆节是否组织公费旅游等，这些都牵涉每个人的切身利益，因而大家都很乐意发表一番自己的见解。

另外，一种易为大家所关心的话题是那些能够让大家感兴趣的话题，这主要和聚会者的职业、个人爱好有关。例如，几位同事去餐馆聚会，感到没什么可聊的，聚会发起者小王无计可施之际，忽然想起几个同事中有三位是钓鱼迷，于是就赶快引出了有关钓鱼的话题，说："我前两天买了一杆海竿，刚用了一次就出了问题，正好向你们几位请教一下。"这一下几位钓鱼迷就来了兴致，先帮助小王解决钓竿的问题，进而又畅谈到了钓鱼的方方面面，最后竟聊起了谁的妻子最会烧鱼。聊到这里，那几个不太喜欢钓鱼的同事也兴致勃勃地加入进来，聚会的气氛变得十分热烈。可见，寻找大家关心的话题对于调动聚会气氛确实是非常有效的。

2. 如何对付滔滔不绝的人

在他尚未打开话匣子之前一定要找对话题，以便大家都能参与讨论，而不致让他一个人口若悬河地宣讲大家都不感兴趣的话题。那么，具体有哪些方法呢？

第一，适当插话或提问，把对方的话题朝大家所希望的地方引导。几位同事聚会，其中一人上了饭桌就大谈足球，而偏偏其他几人都对此不感兴趣，聚会的发起者张涛看到了这种情况，就问这位滔滔不绝的同事："你知道吗？咱们单位郑主任年轻的时候是市足球队的队长呢，后来检查出患有先天性心脏病，只好退出了球队。提起郑主任的年轻时代，那可真是颇有传奇色彩，其间还有一段惊心动魄的恋情呢，不知你们想不想听？"这样，有关足球的话题就岔开了，大家又都来了兴致。

第二，另起炉灶，孤立对方。在对方滔滔不绝时，你也没有必要非要惊扰，不妨先就大家感兴趣的话题跟身边的一两个人谈起来，然后慢慢扩大范围，直到多数人都开始津津乐道于此话题为止。滔滔不绝者再善谈，没有听众也就没了意思，自然就安静了。

第三，委婉善意地提醒对方。正当对方滔滔不绝之时，你可以端起一杯茶水敬过去，说："讲了这么久，一定口干舌燥了吧，先喝口茶润润喉咙。"在座者都已忍耐了好久，此时一定免不了开怀大笑，对方也就不得不在窘迫中有所收敛了。

3. 如何对付沉默寡言的人

要让沉默寡言的人开口说话，就要注意以下几点。

第一，探明其兴趣所在，然后将其感兴趣的话题作为大家谈论的话题。这就需要主人耐心地与沉默寡言者进行交流，了解其兴趣所在。一般来说，对方再不喜言谈，遇到自己感兴趣的话题也喜欢说几句的，特别是当他对某一问题的看法埋藏很深而终于得以发表出来时，他会获得很大的满足感，而这种满足感会促使他继续说下去。

第二，刺激他发言，然后热忱赞美。例如在大家谈论某一问题时，你可以突然向一言不发的他发问："这位先生，能请教一下您的高见吗？"对方肯定会很尴尬，但是碍于面子，他不能不说几句。此时你再抓住"几句"中的闪光之处大加赞赏："您半天不说话，原来肚子里藏着这么精辟的见解。您能再详细讲一讲吗？"这样一来，对方的信心受到了鼓舞，也许会就此打开话匣子。

第三，给对方找一个"同道中人"。这是针对那些因教育程度、文化背景迥异而不想发言的人来说的。这些人不一定不健谈，关键是他感到自己无法与身边的人交流，有一种"道不同，不相为谋"的感觉。例如一位农民坐在一群知识分子中间，他就会感觉彼此有隔阂，甚至还有些自卑，因此他不想发言。遇到这种情况，最好从在座者中介绍一位与他在某些方面有相似性的人,让他们从共同熟知或关心的话题出发聊起来。知识分子似乎与农民没什么相似地方,但没准儿有哪一位与该农民是同乡,你给两人介绍一下,也许他们谈谈家乡旧事或家乡新貌之类就相谈甚欢了。这样,虽然并不是所有人都找到了共同语言,但至少每个人都有话题可聊,聚会也就不至于冷场。

4. 如何对付言谈木讷的人

首先要有耐心和尊重的态度。千万不要显出急躁、不耐烦的情绪或对人家不屑一顾的表情,你越是这样对方就越着急,越着急他越说不出话。无论对方说得如何结结巴巴,你都要目视人家的眼睛,耐心、恭敬地听人家说完。

随时准备把话送到对方的嘴边。言谈木讷的人不知是反应太慢还是词汇量太少,总之其特别突出的一个表现就是总找不到合适的用词,因而常常一句话停在半路,再也说不下去。这个时候,你最好主动及时地把人家需要的那个词送到他的嘴边,同时做出很受启发的样子。例如,一位言谈木讷者在谈论"角球"问题时卡住了壳:"这是、这……"此时如果你明白他要表达的意思,最好帮他一把。这样,彼此间的交谈也就得以继续下去了。

最好选择一些对方熟悉且表达难度不算大的话题与之交谈,缓和他的心理压力。例如,如果对方是位搞个体养殖的农民,你最好多问问他养殖方面的情况,别问他一些你认为有趣但却令他很难回答的问题,这样你们之间的谈话就顺畅多了。

别出心裁的致辞，让宴会"嗨"起来

在欢度佳节、迎送宾客、吉庆喜事等活动的酒席上，人们常要举杯祝酒，说一些美好的话语，互相表达祝贺和希望。对于一个领导来说，酒宴致辞更是家常便饭，这是由于领导是酒宴的贵宾，是酒宴的焦点。

祝酒词一般是在饮第一杯酒以前说的，因此，祝酒词必须短小精悍，千万不能太长太啰唆。因为大家举杯，情绪高昂，要是啰唆半天，热乎劲儿就冷了。

你一旦开始祝酒，就不要离题，要沿着一个主题，保持一个完整的结构，逐步趋向一个明快、自信的邀请，让每个人都举起酒杯，还要把你所祝愿的那个人（或那些人）的名字准确无误地牢牢地记在脑子里。

你的主题可以着眼于被祝愿的人的成就或品质，一件事情的重要意义，伙伴们的乐事，个人的成长或集体工作的益处，等等。无论说什么都要和那个场合相适应。

1. 尽可能地表现出文采

适当地引用诗词、典故运用幽默的语言，能使讲话更有感染力。

1984年,缅甸总统吴山友访问上海,市长在祝酒词中引用了陈毅元帅《致缅甸友人》的诗句:"我住江之头,君住江之尾,彼此情无限,共饮一江水。"大家都知道中缅交界只有一江之隔,两岸人民共饮一江水。话语亲切,表达了中缅两国人民之间的情谊,外宾十分高兴。

比喻可以使祝酒词生动形象。例如,两校建立校际关系,其中一方致辞说:"过去,我们交往只是一条小路;现在,却是一条宽敞的大道。我相信,我们的友谊和交往一定会成为一条高速公路。"这一连串的比喻,言辞贴切,恰到好处地说出了他内心的祝愿,赢得了大家一致的掌声。

2. 适时进行联想

在祝酒时如能就地取材进行联想,就可以产生出人意料的好效果,使人产生出许多美好的想象,从而达到使人愉悦、使人振奋的目的。例如你端起席间一杯矿泉水,在不同的情况下可以引起不同的联想。

在朋友的聚会上,你可以说:"俗话说,如鱼得水,看见这杯矿泉水使我想起我们的友谊。鱼儿离不开水啊,正因为有了深厚的友谊,才使我们顺利地在艰苦的生活中成长起来。现在我们又一起回到了家乡,更是如鱼得水。相信今后我们的友谊将会与日俱增。我建议为友谊干杯!"

在为老师祝贺生日的聚会上,我们可以这样说:"同学们,这是一杯水。看见这杯水我想起了'饮水思源'这句老话。我们之所以有今天的成功,完全是老师辛勤培养的成果啊!师恩难忘。同学们,让我们以水代酒,祝老师永葆青春!"

结婚祝词，不同身份有不同说法

结婚是人生大事，很多新人都会邀请一些亲朋好友出席婚礼。作为当事人的亲朋好友，如果受邀去参加婚礼，就一定要以合适的身份准备好祝福词，即使新郎和新娘没有委托你代表众人讲话，你也可以把准备好的短短的祝词献给他们，这样无形中你会多了两个朋友，那又何乐而不为呢？那么，该怎么说出祝福的话呢？

1. 领导的祝词

当你的下属邀请你参加他的婚礼时，作为领导，又是在这种喜庆的场合，你应该多说些鼓励、赞扬的话语。如果你确实有诸如对新郎或新娘提拔、晋升、分房以及别的什么奖励的心愿，不妨在此说出来。这既可使他们的心情更加愉快，又能烘托出欢快气氛，真可谓锦上添花。

"我是小纪的项目经理。小纪自从进公司后就一直在我这里工作，我是看着他从年轻走向成熟的，所以我相信他今后会大有前途。他性情憨厚、朴实，乐于助人，很有人缘，公司上上下下都很喜欢他。如今他娶妻成家，这是他的大喜事，也是我们公司的一大喜事，因此我代表全公司同仁祝他生活甜蜜，新婚快乐！"

2. 同事或同窗好友的祝词

作为同事、朋友，你和新人彼此相知相识，所以祝福的语言自然不应是虚伪的客套。

"今天是马旭大喜的日子，说起来马旭和我有很深的缘分，我们不但是同学、同事还是同宿舍的挚友，我们毕业后分到一个单位又在同一宿舍住。前些天在街上偶然遇见他们，马旭介绍他的未婚妻给我认识，当时就觉得他们是天生的一对。后来我们一起去看电影，他们两人低头私语，非常甜蜜，早把电影和我这个'第三者'忘得一干二净了。祝福两位健康、幸福，并且再说一声恭喜！"

3. 普通人的祝词

由于你和当事人的关系很一般，对于他们细枝末节的小事情还不大了解，又不便以长者、亲朋好友的身份说些鼓励、亲切的话语。为了脱离俗套，你完全可以换一个角度，从当事人选择的结婚日期上着手展开你的话题，这样既能显出你的博学多才，又能表达你的美意。

"在这金秋八月的大好日子里，我接到了你们的喜帖，开心地赶来祝福。新郎的潇洒、新娘的美貌为这秋天又增添了另一番美景。"

第九章 不同场合,演讲也要讲究"有别"艺术

生日祝词,真挚与热情永远是主旋律

参加生日宴会,无论是东道主还是客人,都要先把敬酒礼仪学好。

生日宴会一般宴请的都是亲戚、朋友、邻居以及熟知的同事。参加这样的宴会,无论是东道主还是客人,都要先把敬酒礼仪学好,因为懂得敬酒能表现你的体贴,让人感觉到你的修养。敬酒更是一门艺术,要诀在于如何掌握时间、发挥口才,以及适时道出心底话。敬酒的技巧千变万化,即使杯中装的只是饮料或水,也可借象征性的动作达到敬酒的效果。因为在兴奋的一刹那,在主人与宾客之间便立刻产生一种隆重的气氛。

1. 父母生日祝酒词

尊敬的各位领导、各位长辈、各位亲朋好友:

大家好!在这喜庆的日子里,我们高兴地迎来了敬爱的父亲(母亲)××岁的生日。今天,我们欢聚一堂,举行父亲(母亲)××华诞庆典。这里,我代表我们兄弟姐妹和我们的子女们大小共××人,对所有光临寒舍参加我们父亲(母亲)寿礼的各位领导、长辈和亲朋好友们,表示热烈的欢迎和衷心的感谢!

我们的父亲（母亲）几十年含辛茹苦、勤俭持家，把我们一个个拉扯长大成人。常年的辛勤劳作，他们的脸上留下了岁月刻画的年轮，头上镶嵌了春秋打造的霜花。所以，在今天这个喜庆的日子里，我们首先要说的就是，衷心感谢二老的养育之恩！

我们相信，在我们兄弟姐妹的共同努力下，我们的家业一定会蒸蒸日上，兴盛繁荣！我们的父母一定会健康长寿，老有所养，老有所乐！

最后，再次感谢各位领导、长辈、亲朋好友的光临！

再次祝愿父亲（母亲）晚年幸福，身体健康，长寿无疆！干杯！

2. 领导生日祝酒词

各位朋友、各位来宾：

你们好！今天是××先生的生日庆典，我受邀参加这一盛会并讲话，深感荣幸。在此，请允许我代表××并以我个人名义，向××先生致以最衷心的祝福！

××先生是我们××公司的重要领导核心之一。他对本公司的无私奉献我早已有目共睹，他对事业的执着令同龄人为之感叹，也为之感到骄傲。

在此，我们祝愿他青春常在，永远年轻！更希望看到他在步入金秋之后，仍将傲霜斗雪，流香溢彩！

人海茫茫，我们只是沧海一粟，由陌路而朋友，由相遇而相知，谁说这不是缘分？路漫漫，岁悠悠，世上不可能还有什么比这更珍贵。我真诚地希望我们能永远守住这份珍贵。在此，请大家举杯,让我们共同为××先生的××华诞而干杯!

3. 爱人生日祝酒词

各位朋友:

晚上好!感谢大家今晚来参加我太太的生日会!大家提议让我讲几句,其实也没什么事讲的,你们从我一脸的灿烂足可以看出我内心的幸福。那请大家容许我对我亲爱的太太说上几句。

老婆,你"抱怨"我不懂浪漫,其实看得出来你满心欢喜。你说只要我有这份心,你就很开心。我们曾是那样充满朝气,带着爱情和信任走入婚姻。我要感谢你,给了我现在拥有的一切——世上唯一的爱和我所依恋的温馨小家!很多人说,再热烈如火的爱情,经过几年之后也会慢慢消逝,但我们却像傻瓜一样执着地坚守着彼此的爱情,我们当初钩小指许下的约定,现在都在一一实现和体验。

今生注定我是你的唯一,你是我的至爱,因为我们是知心爱人,让我们携手一起漫步人生路,一起慢慢变老!爱你此生永无悔!

最后,祝愿各位爱情甜蜜,事业如意,干杯!

4. 朋友生日祝酒词

各位来宾、各位亲爱的朋友:

晚上好!烛光辉映着我们的笑脸,歌声荡漾着我们的心潮。跟着金色的阳光，伴着优美的旋律，我们迎来了××先生的生日，在这里我谨代表各位好友祝××先生生日快乐，幸福永远！

在这个世界上，人不可以没有父母，同样也不可以没有朋友。没有朋友的生活犹如一杯没有加糖的咖啡，苦涩难咽，还有一点淡淡的愁。因为寂寞，因为难耐，生命将变得没有乐趣，不复真正的风采。

朋友是我们站在窗前欣赏冬日飘零的雪花时手中捧着的一盏热茶；朋友是我们走在夏日大雨滂沱中时手里撑着的一把雨伞；朋友是春日来临时吹开我们心中冬的郁闷的那一丝春风；朋友是收获季节里我们陶醉在秋日私语中的那杯美酒……

来吧，朋友们！让我们端起芬芳醉人的美酒，为××先生祝福！祝你事业正当午，身体壮如虎，金钱不胜数，干活不辛苦，悠闲像老鼠，浪漫似乐谱，快乐莫你属，干杯！

5. 满月宴祝酒词

各位来宾、亲朋好友：

大家好！此时此刻，我的内心是无比激动和兴奋的，为表达我此时的情感，我要向各位行三鞠躬。

一鞠躬，是感谢。感谢大家能亲身到××酒家和我们分享这份喜悦和快乐。

二鞠躬，还是感谢。因为在大家的关注下，我和妻子有了宝宝，升级做了父母，这是我们家一件具有里程碑意义的大事。虽然做父母只有一个月的时间，可我们对"未养儿不知父母恩"有了更深的理解，也让我们怀有一颗感恩的心。除了要感谢生我们、养我们的父母，还要感谢我们的亲朋好友、单位的领导同事。正是有了各位的支持、关心和帮助才让我们感到生活更甜蜜，工作更顺利。也衷心希望大家一如既往地支持我们、帮助我们、关注我们。

三鞠躬，是送去我们对大家最衷心的祝愿。祝大家永远快乐、幸福、健康。

今天，我们在××酒家准备了简单的酒菜，希望大家吃好、喝好。如有招呼不周，请多多包涵！

6. 满月宴来宾祝酒词

各位来宾、各位朋友：

佳节方过，喜事又临。今天是我们××先生的千金满月的大喜日子，在此，我代表来宾朋友们，向××先生表示真挚的祝福。

在过去的时光中，当我们感悟着生活带给我们的一切时，我们越来越清楚人生最重要的东西莫过于生命。××先生在工作中，是一个严谨、奋进、优秀的人，相信他创造的新的生命，一定是无比美妙的歌声。

让我们祝愿这个新的生命、祝愿××先生的千金，也祝愿各位朋友的下一代，在这个祥和的社会中茁壮成长，成为国家的栋梁之材！也顺祝大家身体健康，快乐连连，全家幸福，万事圆满。

7. 周岁宴祝酒词

各位领导、各位亲友：

首先对大家今天光临我儿子的周岁宴会表示最热烈的欢迎和最诚挚的谢意！

此时此刻、此情此景，我们一家三口站在这里，心情很激动。

为人父母，方知辛劳。××今天刚满一周岁，在过去的365天中，我和丈夫尝到了初为人母、初为人父的幸福感和自豪感，但同时也真正体会到了养育儿女健康成长的无比辛劳。今天在座的有我的父母，还有公婆，对于他们三十年的养育之恩，我们无以回报。今天借这个机会向他们四位老人深情地说声：谢谢了！并衷心地祝福他们健康长寿！

在过去的日子里，在座的各位朋友曾给予了我们许许多多无私的帮助，让我们感到无比的温暖。在此，请允许我代表我们一家三口向各位亲朋好友表示万分的感激！现在和未来的时光里，我们仍希望各位亲朋好友对我们进行善意的批评教导。

今天以我儿子一周岁生日的名义相邀各位至爱亲朋欢聚一堂，菜虽不丰，但却是我们的一片真情，酒纵清淡，但是我们的一份热心。若有不周之处，还盼各位海涵。

让我们共同举杯，祝各位工作顺利、万事如意！谢谢。

第十章

▽

完美谢幕，给听众一个难忘的致辞

▽
▽

有始就会有终，一个精彩的演讲不仅仅由开头决定，也由结尾决定。有人说，通过演员的出场和退场，就知道他们的水平。其实，演讲也是如此。演讲的开头和结尾往往都是很难处理的环节。当一场演讲临近尾声的时候，如何有技巧地结束它，体现的就是你的演讲能力。

讲好结尾，你的演讲就成功了

在演讲中，哪些地方最能体现出一个演讲者的水平呢？我们认为是演讲的开头与结尾。在戏剧界，也有一句关于演员的评价说明了同样的道理："通过演员的出场和退场，你便可以很好地了解他们的水平。"

的确如此！在几乎所有的活动中，开头与结尾总是最难处理的环节。君不见，在各种重大的社会庆典活动中，开始与结束的场面总是力求宏伟壮观。在商业会晤中，最难做到的不就是营造成功开始的氛围和圆满结束的场面吗？

毫无疑问，演讲的结尾是整个演讲中最具有全局意义的一环，当演讲结束后，演讲者的结束语将会长久地留在听众的心中。然而，演讲的新手极少意识到这一环节的重要性，他们有太多的功课待补。

那么，通常说来，这些演讲的新手会犯哪些错误呢？让我们试对之进行分析并找出相应的对策。首先，有的演讲新手在结尾时会这样说："我已知无不言了，我想我该结束演讲了。"

这其实不能算作一个结尾，而是一个错误。它恰恰反映了一个初学演讲者的缺陷，而且这缺陷在演讲中是不可原谅的。所以，如果你已知无不言了,那么不妨马上坐回原位,并不需要告诉众人你已经讲完了。其实,在这无声的动作里,听众们已明确地知晓演讲结束了。

其次,还有一些演讲者虽然也说了自己该结束演讲了,但却又不知如何终止。记得乔治·比灵斯建议人们欲使牛停下来时,不要去抓牛角而要去拽牛尾巴。所以,这些演讲者正如那些抓牛角的人,虽然花费九牛二虎之力,却总也不能停止下来,只得原地转圈,结果给众人留下了一个极坏的印象。

我们该采取什么样的补救措施?有一点是确定无疑的:我们必须对结尾部分进行精心的准备,但是是在演讲之后历经演讲过程中的紧张和沮丧,时刻小心翼翼自己的措辞才去准备,还是在演讲之前就悄悄地备好万全之策呢?

我们知道,即使是一些出色的演讲者,比如韦伯斯特、布兰特、格莱特斯通等,虽然他们已具备了高超的语言技巧,也会把结尾部分一字不漏地写下来并且烂熟于心。

初学者,如果能像这些出色的演讲者那样,在事前精心地准备,对自己的结束部分胸中有数的话,那么,他对自己的演讲才不会留下什么遗憾。为了确保万无一失,初学者可能在演讲前认真排练几次,当然,我们不必要求每次排练时的措辞用语完全一致,但一定要保证意思的准确、完整。

在即席演讲过程中,为了应付突如其来的变故和适应听众的要求,我们应该有二至三个演讲结尾部分的方案,以备不时之需。

然而,不幸的是,有一些演讲者从未真正做过一次完整的演说。每当话至中途，他们就变得语无伦次、不知所云了，就像机器耗尽了燃油似的，在经过一番挣扎后，他们只好草草收场。这些演讲者当然需要更充分的准备和更勤奋的练习了。

还有许多初学者在演讲结束时过于突然，缺乏平滑和顺的感觉。更确切地说，他们的演说没有一个明确的结尾，只是突然之间停顿下来，给人一种非常不适的感受，显得很不专业。这就好似在朋友的聚会中，一个人突然之间不告而别一样。

林肯在其第一次就职演说的草稿中犯了与上述同样的错误。当时的国内形势万分紧迫，怨恨笼罩在人们的心头，在林肯演说的几星期后，血雨腥风就降临到了这个国度。林肯在要向美国南部省份宣讲的演说草稿中是以这样的内容结尾的：

心中充满怨气的朋友们，是否发动内战不是掌握在我们的手中而是由你们来决定。我们不会向你们发动攻击，只要你们不侵略我们，就不会有战争。我作为一个最为坚定地维护国家的人，要告诉你们没有人拥有破坏政府的权力。你们可以把战争的灾难强加于她，但我在这场维护她的战争中绝不会退缩。现在，到了一个由你们决定"是战争还是和平"的时刻了。

这份演讲起草完毕后，林肯把它交给了秘书西沃德。西沃德在阅读后，十分恰当地指出了草稿的结尾部分过于直率、唐突和具有煽动性。于是，西沃德自己动笔为林肯写了两个结尾供其参考。最后，林肯对其中一个稍作修改后代替了自己草稿的最后部分。因此，林肯的首次就职演说不再显得唐突和具煽动性，而是体现了无比的友好、至纯的美感和诗一般的语言：

现在，我就要结束这次演说了，虽然我是那样的不情愿，但我又无可奈何。我要衷心地告诉你们，我们不是敌人而是朋友，我们绝不能成为敌人。虽然我们的热情现在有所消退，但谁也不能割断我们之间的血肉联系。今天，人们彼此之间和睦团结的呼声正回响在每一个战场上、烈士的坟墓上以及生活在我们这个伟大国度的人民的心头上，明天，在美国人民的美德指引下，这种和睦和团结将会重新为我们所拥有。

那么，在演讲的结束部分，作为初学者，怎样才能找到感觉呢？有机械而固定的办法吗？当然没有。就如文化，由于它太过复杂和微妙，很难找到掌握它的一定之规。作为一名演讲者，在演说时，要靠自己的理解力，也就是自己的灵感和感悟来找到感觉。这些东西，只有在你能熟练地演讲时才会找到。

然而，这些东西又是可以培养的，通过研究成功演讲者的成长途径，我们可以获得一定的经验。下文是我们节选的威尔士王子曾在多伦多的帝国俱乐部所作演说的结尾部分，以供大家借鉴。

先生们，我今天的演说恐怕离题太远了，因为我讲述了太多关于自己的事情。但是，我要说的是，面对我在加拿大演讲以来最多的一次听众，我深感责任重大。只有如此，我才认为没有辜负大家的期望，没有逃避自己的责任。

这段结束语，即使是一个盲人也能听得出来演讲已然结束，因为，它丝毫没有给人一种丢三落四、欲言又止的感觉，而是圆满地结尾。

哈利·埃默森·弗斯迪克博士曾参加了在皮尔市的日内瓦天主教堂举行的第六次全美社团会议的开幕式。这是一个美妙的星期天，因为哈利博士给我们献上了一个美妙的演讲，他的讲题是"拥有军权的人要慎用自己的权力"。这篇演讲的结尾部分如下文所示，大家要注意他那文笔优美、技巧高超、铿锵有力的表达：

在和平与战争之间，我们没有其他的抉择，这就是问题的实质所在，也正是对今天拥有良知的基督教徒们所提出的挑战。对于人类而言，战争实在是一种最具毁灭性的社会罪恶，是一种彻底的、无可挽回的悲惨损失，正因如此，它与基督的教义格格不入，完全相异，是迄今以来对基督教义最大的亵渎。我们热切地盼望着：基督教的神圣殿堂重拾今日之伟大精神，并把其发扬光大；重新筑起一道防线与异教者作不屈不挠的斗争；不再逃避自己的责任并招抚那些好战的国家；坚定地把上帝赋予的人类自由定位在国家主义之上；呼唤全世界拥抱和平。这一切，不是对爱国主义的否定，而是对崇高的爱国主义的发扬。

今天，在这里，洋溢在一片欢乐祥和的氛围中，身为一名美国人和基督教徒，我不会为我的国家讲些什么，但我要代表我的同胞反复重申：我们热切地盼望着基督教会担当起神圣的使命，让我们的整个世界安享太平。这就是我们努力奋斗的最终目标，任何对之的篡改都将是人类的一场巨大灾难。就如万有引力在力学中的意义和地位一样，下面这句话就是上帝不变的旨义：拥有军权的人要慎用自己的权力。

但是，如果缺乏了宏伟的语调和风琴奏乐般的音调，这段演讲的结束语就不能算作非常完美，这就正如林肯的第二次就职演说一样的情况。最近去世的哈佛大学的校长——凯得莱斯腾的厄尔先生曾称下面这段演讲为"人类的荣誉和财富中的重要组成部分——人类演说史上的最纯正、璀璨的宝石"。

长久以来，我们一直企盼着消灭战争的万恶根源。然而，上帝认为：只要已存在了二百五十余年的农奴剥削制度尚在延续，只要穷苦大众的血汗仍在被榨取，那么，我们的愿望就不会实现。对此，我们可以援引三千年前那句名言："上帝的论断是无比英明而公正的。"

胸怀慈善的爱、怜悯的心、坚定的信念和上帝赋予我们的机会，让我们共同献身于自己从事的事业、愈合我们自己的伤口、关爱饱经战争磨难的人们以及他们的亲人，总之，为了全人类的和平，我们甘愿付出一切。

在我的心目中，上面这个演说的结束语，其美感是无与伦比的。你是否也有同感呢？如果你不以为然，那么在所有的演讲中，你是否能找出一个更富有人性、更生动迷人、更富有同情心的演说呢？

威廉·巴顿在《林肯的一生》中这样评述上面的这个演说："葛底斯堡演说虽然宏伟高尚，但此演讲比葛底斯堡演讲更为甚之——这是林肯的众多演说中最为出色的一个，它标志着亚伯拉罕·林肯的智力、精神达到了一个最高的境界。"

卡尔·史克伍兹也曾写道："这段演讲就像一首诗，在这之前，还没有哪一位美国总统向自己的民众发表过如此精彩的演说，他们都没有达到亚伯拉罕·林肯的思想深度。"

但是，对于你来说，并不需要像美国总统或加拿大、澳大利亚的总理那样发表流芳千古的演讲。你需要考虑的或许就是面对一群普通的社会工作者如何结束一场简单的演说。那么，你究竟应如何去做呢？让我们来共同探讨一下，看看是否能得出一些有意义的建议。

掌握演讲 5 个技巧，给听众一个想听的结尾

1. 善于总结演讲要点

即使是一场几分钟的简短演说，往往也会涉及许许多多的方面。当演说结束时，听众经常会坠入云里雾里，不能明了其主旨要义。关于这一点，很遗憾的是只有极少数演讲者意识到，而其他大多数人都陷入了一种误区，因为他们认为，既然自己对演讲内容一清二楚，那么听众也理应可以。

但是，事实上根本不是如此，演讲的要点，对于演讲者而言，早已深思熟虑过了；但对于听众来说，显得新奇而又陌生，它们就像是一把子弹掷向了现场众人，有的会给人留下印记，但大部分在听众的困惑中注定要淡然逝去。最终，演说的接受者们不得不"头脑昏昏，不知所云"。

据报道，有位不知名的苏格兰政治家对于演讲技巧给出了自己的方法：首先，要告诉听众你打算讲些什么；接着，你可以开始你的演讲；最后，在演讲结束时，你应重申自己演讲的主要内容。这个方法还是颇有可取之处的，而且，从实际来看，"重申自己演讲的主要内容"是非常明智的做法。

下面是一个优秀的演讲范例，演讲者是一名芝加哥铁路运营公

司的经理,让我们一起来看看:

总之,先生们,这种制动装置已在我们的东部、西部、北部铁路支线上得到了采用。从实践效果来看,由于在操作中运用了完美的操作原理和方法,一年来,我们避免了多起事故,挽回了大量的经济损失,这一切深深震撼了我,促使我急切地决定在南部铁路支线上也安装这种制动装置。

通过上段演说,你可以对整篇演讲的内容一览无余,因为所有的一切都已涵盖在这几句话之中。在演讲中,这样的总结的确大有用武之地,你不妨掌握这种技巧。

2. 呼吁采取某种措施

上面我们引用的这段演说结尾正是一个精彩的呼吁采取某种措施的例子。这位演讲者迫切地想让有关人士采取行动:在南部铁路支线上安装一种制动装置。为了实现自己的愿望,演讲者列举了采取措施后将能够避免的事故和经济损失额的优势,最终,他如愿以偿。

值得一提的是,这篇演讲不仅仅是供人练习的东西,它是在一家铁路公司的董事会上所作,结果,演讲者呼吁安装某种制动装置的要求得到了圆满地实施。

3. 运用简洁而诚挚的赞美

在昂首阔步迈向新的征程之际，伟大的宾夕法尼亚州应站在时代潮流的最前沿。她拥有无比强大的钢铁业，孕育了当今世界最大的铁路运输公司，还是全美第三大农业产地——在我们商业的大厦上，她是最绚丽的部分之一。其美妙的前景、成长为领导者的机遇无与伦比。

在纽约的宾夕法尼亚社团聚会上，查尔斯·斯克韦伯以上文作为了演讲的结束部分。随即，他的听众们沉浸在了一种兴奋、乐观、幸福的氛围之中。毫无疑问，这是一个值得赞叹的结尾，但是，在演讲中，演说者必须充满真诚，而不是虚假地奉承和任意地扩大，才能取得完美的效果。而且，尤为值得注意的是：这种结束方式一旦失败就可能是彻底的惨败，听众们将一无所获。

4. 运用幽默的结尾

乔治·柯汉曾经说过："当你结束自己的演出时，你应做到在听众的笑声中退场。"如果你诚如所言，具备幽默的能力和素材，那么，你已万事俱备。但是，如何运用呢？就如哈姆雷特所说，这是一个值得思考的问题，而每位演讲者在处理这一问题时，都应有自己的方式。

当劳德·乔治就约翰·韦斯利的墓碑这一无比庄重的主题发表演讲时，没有人奢望他能把听众——一群卫理公会派教徒逗得前仰

后合,但他以无与伦比的智慧做到了,同时,辅之以优美流畅的语言,完成了一个无比完美的演说:

看到大家共同伸手来修缮韦斯利先生的坟墓,我非常高兴。你们的义举应载入荣誉的史册。大家都知道,韦斯利先生是一个喜爱整洁的人,我清楚地记得他说过的一句话:"作为一个卫理公会派教徒,绝不应以褴褛的装束示人。"

正因如此,至今我们也未看到过一个装束不雅的卫理公会派教徒。(笑声)所以,今天我们把坟墓修好,是对于他的好心的回报。大家可曾记得,一次,韦斯利先生路过德贝郡的一位女孩家,这位女孩跑到门口向他喊道:"先生,上帝保佑您!"韦斯利回答她说:"年轻的姑娘,如果你能把你的脸和围裙洗得干净一点儿,那么你的祝福将会更加珍贵。"(笑声)

5. 运用押韵的方法

在演讲结束的各种方式中,运用幽默的押韵的方法是最佳的途径。实际上,如果你能在结尾中找到合适的韵脚,那就再理想不过了,它会使你的演讲充满高贵和美感,富有情调和个性。

扶轮国际成员哈利·拉伍德在美国扶轮成员代表团的爱丁堡年会上以下文作为演讲的结尾:

当你们回家以后,其中有些人会给我寄来明信片。如果你并不这么做,那我将给你寄去一张。你将非常容易识别我寄出的明信片,因为它的上面并没有邮戳。(笑声)而且我会在上面写下这样的一段话:一年四季交替改变,而你也知道,世上万物由生到灭,永不停闲,但是,我要告诉你,有一件事亘古不变,那就是我对你深深的爱恋。

这段韵文既符合哈利·拉伍德的个性特征,也符合整篇演讲的大意,因此,可谓点睛之笔。但是,在任何的场合找到一种通用的结束演讲的方法是不可能的,因为这要根据时间、地点、听众而定。正如圣保罗所说的一样,每一位演讲者都必须"找到自己的解决办法"。

布鲁克林汽车有限责任公司的副董事长阿布特先生曾经对他的员工发表过一场演讲,主题是"关于忠诚和合作",在其演讲的结束部分,他引用了吉卜林《丛林之书》的一段韵文:

这就是森林王国中的规律——这规律久远而真实,就如蓝天一样;生活在其中的狼群如能遵守这一规律,就能兴旺,反之,就必然导致灭亡。

正像那藤条永远缠绕在树干之上,森林王国中的规律也会源远流长——因为猎犬和野狼的争斗无休无止,永不相让。

如果在演讲中,你也想引用一段韵文,那么你可以到所在城镇的公共图书馆,把你的需要告诉图书管理员,他会帮你找到一些有用的参考书籍,比如说巴特勒的《名言引录》。

戛然而止，让演讲停留在最精彩处

在演讲结尾时，把其导向高潮是一种颇为受人青睐的方法。但是，这种方法的运用有一定的难度，而且，并不适用于一切演讲者或一切演讲题材。不过，此种方法如果运用得当，那么它将把你的演讲推向一个更高的境界。

我们曾介绍了一场得奖的演讲，其结尾部分正是运用导向高潮方法的优秀例证。

林肯曾作过一场关于尼亚加拉大瀑布的演讲，其结束语也运用了导向高潮的方法。演说中，他把尼亚加拉大瀑布存在的历史年限与哥伦布、基督耶稣、摩西与亚当等所在的历史年限相比较，其表述如大河滚滚，又如海水一浪高过一浪，最终达到高潮。这一点，我们尤应注意：

尼亚加拉大瀑布唤醒了那沉睡的悠久的历史。当哥伦布首次踏上这块美洲大陆时，当主耶稣在十字架上饱受踩躏时，当摩西带领犹太民族穿越红海地域时，甚至当人类的祖先亚当诞生时，尼亚加拉河就早已在这里奔腾不息了。正如今天的我们注视着眼前的尼亚加拉大瀑布一样，那遗骨已深埋在我们脚下、早已灭绝的物种也曾目睹它的风采,从远古到现代,这尼亚加拉河从未停止过演绎她的风采,它从未干涸、从未冰冻、从未睡去、从未休止。

温德尔·菲利浦在评述图斯森特·欧沃特的演讲中同样使用了这种演说的技巧。现在,我们把其结尾部分节选如下。在这个重视实用的年代里,菲利浦的这个演讲虽然显得辞藻华丽了些,但却充满了活力,显得生动而有趣,因此,这段节选在许多关于公共演讲的书籍里仅占有一席之地。在演说中,温德尔·菲利浦评价约翰·布朗和图斯森特·欧沃特的历史价值时,预言"他们的真知灼见在五十年后才可能被世人所认识"。

由于这篇演讲是在五十多年以前创作而成的,现在看来,温德尔·菲利浦的预言显得有些可笑,但是,我们也知道,预测历史如同预测明年的股票市场和油价一样,几乎是不可为的。

谁是历史上最杰出的人呢?也许有人说是拿破仑。虽然他建立了法兰西第一帝国,但他不守自己的誓言,并使世界血流成河。而我们今天所讲述的这个人却从不违背自己的诺言,"绝不报复"是他的座右铭,在其弥留之际,他用法语对自己的儿子说:"孩子,当有一天你重返圣多明戈时,一定不要记恨是法国谋害了你的父亲。"也许有人说是克伦威尔,但他只是一名斗士,其亲手建立的国家与他一起走进了坟墓;也许有人说是华盛顿,但他在弗吉尼亚的土地上却容许农奴制的存在,这与我们今天讲述的主人公迥然不同,在其国度里,哪怕是最穷困的村庄,也不会有农奴制的存在。

今天，你会认为我的看法有些狂热和偏执，但我要告诉你，那是因为你没有独立自主地看待历史，而是带有一定的偏见。无论如何，五十年以后，我的观点将被世人所认可。那时，缪斯女神将会把福基翁和希腊、布鲁特斯和罗马、海姆布登和英格兰、拉法叶和法国这些名字和国家紧密联系在一起；将会视华盛顿为近代文化之花丛中的一朵奇葩，视约翰·布朗为如日中天时的丰硕果实；而在所有这些名字的上面，则会铭刻上那位斗士、政治家、烈士的英名——图斯森特·欧沃特。

别过犹不及,简明的结尾才受人欢迎

在演讲前,我们应反复修改、锤炼演说的开头和结尾,直至令人满意,然后,再使它们完美地结合在一起。现在,人们已进入了一个快节奏的时代,因此,任何与此时代主旋律不相符的演讲都会招致听众的反感,至少是不受欢迎的。

在这一方面,塔瑟斯的保罗所铸成的错误是无人堪比的。有一次,他在演讲时滔滔不绝,众人皆感难以忍受。其中有一位年轻人,名叫艾伍提可斯,起身回到自己的房间,结果失手从窗户上碰掉了什么东西,差点打断了保罗的脖颈,即使这样,保罗也不肯结束自己的演说。在日常生活中,我们是否也遇到过类似的情形呢?在这里,我再给大家介绍一个类似的事例:

一次,在布鲁克林的大学俱乐部里举行了一场晚宴,一直持续到深夜还没有结束。席间,许多演讲者已进行了发言。当钟表的时针指向了深夜两点钟的时候,有一位博士先生站起来讲话。依照当时的情景,如果他是一位机智、敏感和有洞察力的演讲者,他会寥寥数语结束发言,然后让大家早点回去休息。

事实是怎样的呢?非常遗憾,结果与大家预期的恰恰相反,他作了一场长达四十五分钟的关于反对动物解剖实验的长篇大论。早在其演讲未至中途时,听众们已按捺不住性子,他们多么希望有人像艾伍提可斯那样,也失手从窗户上碰掉什么东西,以早些结束这场演讲啊。

劳瑞默先生曾经是《星期六晚间邮报》的一名编辑,那时,他告诉我:"当邮报上的系列文章最受人们青睐、意犹未尽时,我会停止对这些文章的刊载。"我不禁纳闷:"为什么要停止刊载呢?为什么要选择那样的一个时机呢?"劳瑞默先生这样回答了我的疑问:"人们最为青睐的时刻预示着人们厌倦心理的即刻到来。"

这道理同样适用于公共演讲。因此,当听众还在意兴盎然地聆听你的演说时,你就应为演讲的结束做好准备了。

《高山之上的布道》这篇耶稣基督曾经作过的最伟大的演讲是在五分钟之内完成的;林肯的《葛底斯堡演说》只有区区十句话而已;阅读《人类起源》整篇文章所用时间也会比阅读早报上的谋杀故事少得多——总之,一定要让你的演讲简练!再简练!

对于普通的听众而言,虽然他们可能更富有礼貌和涵养,但也绝不会喜欢长篇大论。因此,你要从失败的演讲中吸取教训。不要熟视无睹、头脑昏昏。成功的演讲离不开正反典型讲例的功勋。

再激烈的论辩，也要有圆满的收场

论辩是激动人心的，但无论有无胜负，论辩总得结束，结束时也应该有个圆满的收场。因为无论论辩场面怎样，都是社会生活的一部分，是人际交往的一种方式。如果一味盯住论辩的输赢，忽略收场，往往会使论辩变质，导致人际关系的紧张甚至恶化。

下面两种收场方式值得借鉴。

作为胜方，要善于察言观色，机敏主动地缓和剑拔弩张的气氛，自我调侃一下，给对方留些面子。如果一直盛气凌人，步步紧逼，引起对方反感，只能导致失败。

有两个学生争论哲学问题，甲坚持"看不见的便不存在"，乙据理驳斥，甲拒不认输，强词夺理。乙忽然一板一眼地问："你看不见的就不存在，对吗？""不错。""你妈生你时你看不见，那你妈生你这件事存在不存在？"甲涨红了脸，几乎跳起来。乙见状，边笑边指着自己的鼻子说："别恼，我也是妈生的！"甲苦笑着言和作罢。乙为辩理，伤了甲的自尊，也使甲彻底败北。稳操胜券的乙，凭幽默的自损及时弥合了二人关系的裂痕，算得上善于收场。

胜辩者收场时还应顾及对方的禀性、人格。君子辩败不以为介，非君子则可能怀恨在心，寻机报复。遇到这种人，胜辩者不妨将其阴暗心理予以曝光，尽量切断其报复的后路，同时使对方显示其大度，冲淡其尴尬。

一职员与经理辩论，经理理屈。职员忽然笑道："经理，今天好像是我辩胜了，其实我是败惨啦！"经理不解："为什么？"职员说："我还要在你手下工作呀！"经理不自然地笑了："哪能呢？你看我是那种人吗？""呵呵，当然不是。"

当然作为败方，也负有配合收场的责任，不要既失去理智，连人格也输给对方。如果败方主动承认自己的观点错误、对方的观点正确，则可显示败方高风亮节，后而会令胜者钦佩。

你只有及时从论辩的氛围中跳脱，反思全过程，用得体的言辞协调各方关系，才能使论辩成为益人才智、增进了解和维护利益的手段。